AF628316

Dr. Christina Erdmann, geboren 1965 in Berlin, ist promovierte Diplompädagogin und arbeitet seit mehr als zwanzig Jahren als Führungskräftecoach und Organisationsentwicklerin. Seit einigen Jahren begleitet sie Angehörige der Babyboomer-Generation beim Auflösen ihres Elternhauses. Die Autorin lebt in Bochum.

Christina Erdmann

Adieu Elternhaus

Elternhaus auflösen –
sortieren, wertschätzen, loslassen

Rowohlt Taschenbuch Verlag

Anmerkungen
Alle Arbeitshilfen unterliegen dem Copyright der Autorin. Vervielfältigung – außer zum persönlichen Gebrauch – und gewerbliche Nutzung sind nicht gestattet.
Die Empfehlungen in diesem Buch sind nach bestem Wissen und Gewissen zusammengestellt. Sie ersetzen weder eine Rechtsberatung noch eine therapeutische Unterstützung. Eine Haftung ist ausgeschlossen.

4. Auflage September 2023
Originalausgabe
Veröffentlicht im Rowohlt Taschenbuch Verlag,
Hamburg, September 2023
Copyright © 2023 by Rowohlt Verlag GmbH, Hamburg
Covergestaltung zero-media.net, München
Coverabbildung FinePic®, München; Anthony Bradshaw/Getty Images
Satz aus der Mercury Text
bei Dörlemann Satz, Lemförde
Druck und Bindung CPI books GmbH, Leck
ISBN 978-3-499-01317-1

Die Rowohlt Verlage haben sich zu einer nachhaltigen Buchproduktion verpflichtet. Gemeinsam mit unseren Partnern und Lieferanten setzen wir uns für eine klimaneutrale Buchproduktion ein, die den Erwerb von Klimazertifikaten zur Kompensation des CO_2-Ausstoßes einschließt.
www.klimaneutralerverlag.de

FSC www.fsc.org MIX Papier | Fördert gute Waldnutzung FSC® C083411

Meinen Eltern, Großeltern
und all meinen Ahnen

Inhaltsverzeichnis

Einleitung
Heldenreise (und) Elternhaus

Die letzten Tage, Wochen oder Monate haben Ihre gesamte Aufmerksamkeit in Anspruch genommen.

Der schwere Sturz der Mutter und die notwendige Operation, seit der nichts mehr so ist wie zuvor. Von heute auf morgen haben Sie einen Pflegeplatz und hundert andere Dinge organisiert. Schließlich soll sich Ihre Mutter nach ihrem Umzug in das Pflegeheim halbwegs wohlfühlen.

Die zunehmende Demenz Ihres Vaters: Irgendwann war der Tag da, an dem es so nicht mehr weitergehen konnte. Unmöglich, ihn weiter allein im Haus wohnen zu lassen. Die monatelange Suche nach einem guten Pflegeheim – und plötzlich musste alles rasend schnell gehen. Sie haben versucht, ihn bei seinen Entscheidungen zu unterstützen: Was mitnehmen aus dem großen Haus in das kleine Zimmer? Schnell wurde klar: *Sie* müssen entscheiden und alles Notwendige erledigen.

Das sich langsam ankündigende Sterben Ihrer Mutter, der plötzliche Tod Ihres Vaters: Sie wussten, dass es bald vorbei sein würde – oder standen von einem Tag auf den anderen fassungslos vor dem Sarg. Notarzt, Bestatter, Trauerkarten, Beerdigung, die Verwandten mit ihren Beileidsbekundungen und guten Ratschlägen: Wie eine große Welle sind diese Tage und Wochen über Ihnen zusammengeschlagen.

Was auch immer mit Ihren Eltern geschehen ist: Ihr eigenes Leben hatte in dieser Zeit weitgehend Sendepause. Das Einzige, was gerade wirklich helfen würde, wäre ein langer Urlaub, um endlich Luft holen und die Ereignisse überhaupt erst einmal verarbeiten zu können.

Stattdessen stehen Sie nun dort, wo Ihre Eltern gelebt haben, zusammen oder allein. Sie lauschen den wohlbekannten Geräuschen des Hauses oder der Wohnung. Die Möbel befinden sich seit einer gefühlten Ewigkeit am selben Platz. Der vertraute Geruch hängt immer noch in der Luft. Die Räume atmen Erinnerung. Sie spüren, wie es Ihnen ging mit den Menschen, die hier gelebt haben. Die alten Geschichten: So lebendig in Ihnen, als ob es gestern gewesen wäre.

Aber jetzt? Sie müssen all das hier auseinanderreißen, diesen Ort auflösen. Für all die Gefühle, die das in Ihnen hervorruft, fehlen Ihnen die Worte. Und zwei Fragen schießen Ihnen dabei immer häufiger durch den Kopf: Wie soll ich das schaffen? Und: Wo fange ich bloß an?

Hierbei will Ihnen dieses Buch helfen. In zwölf Schritten, die auf den Gemeinsamkeiten basieren, die allen Elternhäusern zu eigen sind – ohne die individuellen Besonderheiten Ihres Elternhauses zu übergehen. Die zwölf Schritte zeigen Ihnen, wann und wie Sie in Ihrem Elternhaus den Ort und die dort befindlichen Dinge sortieren, wertschätzen und loslassen können. Sie erfahren, was notwendig ist, damit Sie dabei die unausweichliche emotionale, organisatorische und zumeist auch finanzielle Belastung von Anfang an gut in den Griff bekommen. Sie sparen wertvolle Zeit, indem Sie bewusst und strukturiert Ihre eigene Vorgehensweise entwickeln, mit der Sie gut vorankommen. Mit Hilfe dieses Buches wissen Sie in jedem Moment, was Sie als Nächstes tun sollten, selbst wenn es zwischendurch richtig schwierig wird. Sie lernen, konsequent die notwendigen Entscheidungen über die Dinge Ihrer Eltern zu fällen und sie auch umzusetzen. Und Sie verabschieden Ihr Elternhaus auf für Sie stimmige Art und Weise, sei es hochemotional oder aber routiniert-nüchtern, in jedem Fall jedoch bewusst gestaltet. Das erspart Ihnen die Erfahrung, am Ende die Haustür Ihres Elternhauses hinter sich zugezogen zu haben und sich später über eine verpasste, unwiederbringliche Chance zu ärgern.

Die Reihenfolge der zwölf Schritte in diesem Buch ist kein Zufall. Sie basiert auf dem bereits in den 1940er Jahren entwickelten Konzept der Heldenreise. Zugegeben: Auf den ersten Blick hat eine Heldenreise erst einmal überhaupt nichts mit Elternhäusern zu tun. Dieses Buch vermittelt Ihnen also einen völlig neuen Ansatz, indem es die Verbindung zwischen beidem herstellt: Denn das Elternhaus-Auflösen folgt zum ganz überwiegenden Teil bestimmten Regeln, die völlig unabhängig von den Besonderheiten Ihres Elternhauses sind. Damit Sie nachvollziehen können, wie ich darauf gekommen bin, muss ich bei mir beginnen.

Vor mehr als zehn Jahren habe ich mein eigenes Elternhaus aufgelöst; nicht allein, sondern zusammen mit meiner Schwester – und meinen Eltern. Diese hatten sich schweren Herzens durchgerungen, ihr Haus, das sie Ende der 1970er Jahre selbst gebaut hatten, aus gesundheitlichen Gründen aufzugeben. Monatelang mit ihnen zusammen auseinanderreißen zu müssen, was für die beiden mehr als drei Jahrzehnte lang ihr Lebensmittelpunkt gewesen war, entpuppte sich auch für meine Schwester und mich als schwierig und ungemein anstrengend.

Nachdem meine Eltern dann umgezogen waren und das Haus schon längst den neuen Eigentümern gehörte, begleiteten mich die Erfahrungen dieser Zeit weiter. Freunde und Bekannte mussten ein paar Jahre später ebenfalls ihre Elternhäuser auflösen. Ich bot ihnen die Checklisten und Pläne an, die ich mir beim Auflösen meines Elternhauses abends auf dem Sofa «zusammengebastelt» hatte, um irgendwie den Überblick zu behalten. Erstaunt stellte ich fest, dass die Unterlagen offenbar auch anderen Töchtern und Söhnen gute Dienste leisteten. Einigen schienen wichtige Schritte leichterzufallen, wenn sie vorher andere Aufgaben erledigt hatten. Andere hingegen stießen ständig auf neue Hindernisse und kamen nur langsam voran.

Ich nahm das so hin und kümmerte mich erst einmal nicht weiter darum. Ich suchte auch nicht bewusst nach einer Erklärung für diese Beobachtung, als ich eines Tages zufällig auf die Heldenreise stieß. Sie wurde zum ersten Mal in den 1940er Jahren von Joseph Campbell beschrieben, einem US-amerikanischen Mythenforscher. Er identifizierte in Sagen, Dichtungen und Überlieferungen aus der ganzen Welt Gemeinsamkeiten, die all diese unterschiedlichen Geschichten verbinden. Ihm fiel auf, dass die Helden stets die gleichen Phasen in einer bestimmten Reihenfolge durchlaufen, bevor am Ende «alles gut» wird. Jahre später definierte Christopher Vogler, Experte für Drehbuchentwicklung, basierend auf Campbells Erkenntnissen mit der Heldenreise zwölf grundlegende Schritte, die seitdem in der Entwicklung von Filmdrehbüchern eine wichtige Rolle spielen, aber auch weit darüber hinausreichen. «In den Prüfungen, die Helden in Literatur und Mythos zu bestehen haben, erleben [Menschen; Ergänzung CE] die Wiederentdeckung der seit Urzeiten erprobten Strategien für Überleben, Erfolg und Glück…» (Christopher Vogler: Die Odyssee der Drehbuchschreiber, Berlin 2018, S. 11).

Voglers Hinweise auf «die erprobten Strategien für Überleben, Erfolg und Glück» ließen mich hellhörig werden. Ich verglich die einzelnen Schritte der Heldenreise inhaltlich mit dem, was Freunde und Bekannte beim Auflösen ihrer Elternhäuser erlebt und bewältigt hatten – und war überrascht, wie reibungslos sich beides ineinanderfügte. Mir wurde klar: Die Heldenreise und ihre zwölf Schritte eignen sich als hilfreiches Grundmuster, um ein Elternhaus aufzulösen.

Der Übersichtlichkeit halber habe ich diese zwölf Schritte auf drei Phasen aufgeteilt: Sortieren – Wertschätzen – Loslassen. Alles, was Sie in Ihrem Elternhaus tun müssen, lässt sich bei genauer Betrachtung einem dieser drei Begriffe zuordnen.

In der ersten Phase stellen Sie sich auf die Situation ein und starten dabei mit sich selbst (erster Schritt). Sie ordnen Dokumente und klären die Sachlage (zweiter Schritt). Sie verschaffen sich einen Überblick darüber, was an Arbeit auf Sie wartet (dritter

Schritt). Und Sie bereiten alles vor, um den Rücken frei zu haben und bei Bedarf genau *die* tatkräftige Unterstützung zu bekommen, die Sie wirklich entlastet (vierter Schritt).

*In der zweiten Pha*se starten Sie mit dem Räumen (fünfter Schritt) und legen Ihre Vorgehensweise fest (sechster Schritt). Sie anerkennen die Entscheidungen Ihrer Eltern über die Dinge – und fällen Ihre eigenen (siebter Schritt). Sie akzeptieren Unerwartetes (achter Schritt) und würdigen, was Sie in den bisherigen Schritten erreicht haben (neunter Schritt).

In der dritten Phase fällen Sie die letzten großen Entscheidungen und bereiten die Über- bzw. Rückgabe Ihres Elternhauses vor (zehnter Schritt). Sie verabschieden sich von Ihrem Elternhaus auf für Sie passende Art und Weise (elfter Schritt). Zurück in Ihrem bisherigen Leben nehmen Sie die notwendigen Nacharbeiten in Angriff. Sie sorgen für den endgültigen Verbleib von Erinnerungsstücken und schließen das Auflösen Ihres Elternhauses mit einigen gezielten Aktivitäten endgültig ab (zwölfter und letzter Schritt).

Einige der zwölf Schritte dieses Buches werden Sie herausfordern und sich sehr ungewohnt anfühlen. Das ist normal, lassen Sie sich nicht entmutigen. Elternhaus-Auflösen ist kein Hexenwerk, aber auch nichts, was Sie mit links oder nebenher erledigen können. Selbst wenn Sie alles genau so umsetzen, wie hier im Buch beschrieben, wird es Situationen geben, in denen Ihre individuelle Situation vorübergehend für Ratlosigkeit oder Schwierigkeiten sorgen kann. Auch in diesem Fall gilt: Lassen Sie sich nicht beirren – und bleiben Sie am Ball.

Gebrauchsanleitung
Ihr *Weg* führt zum Ziel

Bevor es losgeht: Dieses Buch ist weder ein Rechts- noch ein Vorsorge-Ratgeber. Es kombiniert die Frage, wie man am besten beim Auflösen des Elternhauses vorgeht, mit Hinweisen, wie Sie dabei mit Ihren Empfindungen und Gefühlen klarkommen können. Natürlich kann es dabei keine Wunder vollbringen. Es übernimmt ausdrücklich keine Garantie dafür, dass Ihnen mit den zwölf Schritten alles «wie von selbst» gelingt. Die Gründe dafür sind so einleuchtend wie vielschichtig:

- Ihre *persönliche Geschichte* mit Ihrem Elternhaus und seinen Bewohnern ist einzigartig. Ihre eigenen Erfahrungen und Erinnerungen beeinflussen maßgeblich, wie Sie mit diesem Ort während des Auflösens klarkommen.
- Ihr Elternhaus als *Wohnort Ihrer Eltern* ist genauso einzigartig. Die Art und Menge der vorhandenen Dinge stellt Sie dementsprechend vor individuelle Herausforderungen.
- Hinzu kommen noch die *Ereignisse*, die überhaupt erst dazu geführt haben, dass Sie jetzt vor dieser Aufgabe stehen: Erkrankung oder Tod der Eltern und das, was im Zusammenhang mit Pflege, Todesfall und Trauer eine Rolle spielt. Nicht zu vergessen die notwendige Abstimmung hierzu mit Ihren Geschwistern oder mit anderen relevanten Personen.

Dieses Buch kann deswegen zwangsläufig keines der vielen, für Sie individuell bedeutsamen Details berücksichtigen. Aber die zwölf Schritte geben Ihnen eine Struktur an die Hand, mit der Sie die grundsätzlichen Themen erfolgreich bewältigen.

Ihr Elternhaus: Was damit gemeint ist

Das Elternhaus ist, ganz einfach, der Ort, den Sie als Ihr Elternhaus oder als Wohnung Ihrer Eltern bezeichnen. Ihr Elternhaus kann auch der Ort sein, den Sie – aus welcher individuellen Geschichte heraus auch immer – als *Ihr* Elternhaus oder *wie* Ihr Elternhaus empfinden, egal, ob Sie dort jahrelang oder nie gelebt haben.

Dabei ist es unerheblich, ob Ihren Eltern Haus oder Wohnung (immer noch) gehört oder ob sie dort als Mieter gelebt haben. Lediglich im zweiten und zehnten Schritt (siehe dort) ergeben sich aus dieser Differenz unterschiedliche Aufgaben.

Darüber hinaus funktionieren viele meiner Empfehlungen auch in vergleichbaren Situationen. Wenn Sie also das Haus Ihrer Patentante, Ihrer Großeltern oder auch von «Fremden» wie z. B. der besten Freundin auflösen müssen, können Sie ebenfalls von diesem Buch profitieren.

Es hilft Ihnen auch dann weiter, wenn in Ihrer Erinnerung vor allem Unverständnis, eisiges Schweigen, Kälte, Wut, Aggression oder sogar pure Gewalt das Leben in Ihrem Elternhaus geprägt haben. Kein einziger der folgenden zwölf Schritte setzt voraus, dass Sie ein gutes Verhältnis zu Ihren Eltern oder Ihrem Elternhaus (gehabt) haben. Egal, was auch immer Sie – nicht – empfinden: An keiner Stelle werden hier Ihre Gefühle und Einstellungen Ihrem Elternhaus und Ihren Eltern gegenüber bewertet. Vielmehr werden Sie ausdrücklich dazu ermuntert, auch zu solchen Gefühlen zu stehen, die Außenstehende als unangemessen oder sogar als schockierend empfinden könnten: «Wie kannst du so etwas sagen / fühlen / wollen, es ist doch dein Elternhaus!?» Äußerungen dieser Art von Dritten helfen Ihnen nicht weiter. Lassen Sie sich daher davon nicht beeindrucken – auch wenn Ihnen das schwerfällt.

In allen zwölf Schritten dieses Buches finden Sie außerdem Anmerkungen und Empfehlungen für Ihren Umgang mit Ihren

Bedeutsamen Anderen bei den anstehenden Aufgaben. Mit diesem Begriff sind Menschen gemeint, die mit Ihnen um Erinnerungsstücke und die Deutungshoheit darüber streiten, was mit dem Elternhaus geschehen soll – und die, das ist entscheidend, auch ein nachvollziehbares Recht dazu haben. In der Regel handelt es sich dabei um Ihre Geschwister. Denkbar sind aber auch Menschen, die Sie zwar zunächst als «Außenstehende» empfinden, die aber aus rechtlicher Sicht tatsächlich ein Wörtchen mitreden dürfen. Das kann z. B. jemand sein, dem Ihre Eltern vor Ewigkeiten eine Vollmacht ausgestellt haben, welche nie widerrufen wurde. In dieser Situation spielt es keine Rolle, welches Verhältnis – rechtlich oder emotional – Sie selbst zu diesem Menschen haben.

Zur Gruppe Ihrer Bedeutsamen Anderen gehören auch Personen, die Ihr Vater und/oder Ihre Mutter zu Ihren Mit-Erben eingesetzt haben – selbst wenn Sie die Gründe hierfür nicht nachvollziehen können und die betreffenden Menschen nicht mögen oder noch nicht einmal kennen.

Die meisten Hinweise in diesem Buch helfen beim Umgang mit *allen* Personen, mit denen Sie sich abstimmen müssen. Der Begriff *Bedeutsame Andere* soll Sie daher davor bewahren, die entsprechenden Hinweise zu diesem Personenkreis beim Lesen zu überspringen, nur, weil Sie Einzelkind sind.

Wie Sie dieses Buch am besten nutzen

Sie stehen noch ganz am Anfang oder lesen dieses Buch zur Vorbereitung, weil das Thema demnächst auf Sie zukommen wird

Machen Sie sich mit den einzelnen Schritten vertraut. Wenn Sie die zugrunde liegende Logik verstanden haben, wird es Ihnen leichtfallen, alle Schritte umzusetzen und diese bei Bedarf auf Ihre persönliche Situation anzupassen.

Lassen Sie sich nicht von den Besonderheiten Ihres Elternhauses dazu verführen, das «Pferd von hinten aufzuzäumen». Widerstehen Sie der Versuchung, die ersten vier Schritte auszulassen und direkt mit dem Räumen zu starten. Sie kommen dann wahrscheinlich nur schleppend und mühsam voran.

Sie haben schon angefangen und begegnen ersten Schwierigkeiten

Lesen Sie hierzu zunächst in jedem Kapitel den einführenden Abschnitt «Das beschäftigt Töchter und Söhne gerade». Wenn Sie sich in einem davon wiedererkennen, lesen Sie das gesamte Kapitel zu diesem Schritt. Fällt es Ihnen schwer, die dortigen Empfehlungen nachzuvollziehen oder auf Ihr Elternhaus anzupassen, prüfen Sie, welche der zuvor beschriebenen Schritte Sie bisher nicht unternommen haben, und holen Sie sie möglichst nach.

Sie haben das Gefühl, dass bei Ihnen alles «ganz anders» ist und durcheinandergeht

Das könnte daran liegen, dass Sie bisher zu viele Punkte gleichzeitig und / oder einzelne zum falschen Zeitpunkt angegangen sind. Nehmen Sie sich in diesem Fall einen Moment Zeit und notieren Sie die drei oder vier Fragen, die Ihnen aktuell gerade am meisten zu schaffen machen.

Lesen Sie dann in allen Kapiteln jeweils den Kapitelabschnitt «Das beschäftigt Söhne und Töchter gerade».

Ordnen Sie Ihre Fragen im Anschluss jeweils dem Kapitel zu, in dem Ihre Frage bzw. Ihr Problem thematisiert wird. Verteilen sich Ihre Fragen auf mehr als zwei Kapitel, arbeiten Sie an zu vielen unterschiedlichen Themen gleichzeitig.

Haben Sie z. B. Ihre drei drängendsten Fragen auf den zweiten, siebten und zehnten Schritt verteilt, lesen Sie zunächst das zweite Kapitel. Holen Sie die dort sowie die im ersten Schritt beschriebenen Aktivitäten nach. Verfahren Sie entsprechend mit den Aufgaben im siebten und zehnten sowie den diesen Schritten vorangehenden Aufgaben.

Auf diese Art und Weise bringen Sie Ordnung in Ihr Handeln und werden leichter vorankommen.

Wenn Sie unter Zeitdruck stehen…

Bei Zeitdruck gilt grundsätzlich: Je weniger Zeit Sie für die Arbeit in Ihrem Elternhaus zur Verfügung haben, umso gründlicher sollten Sie sich darauf vorbereiten. Die ersten vier Schritte zeigen Ihnen, wie das geht, und im vierten Schritt finden Sie für diesen Fall noch genauere Anregungen.

Jedes Elternhaus stellt Sie vor individuelle Herausforderungen. Deshalb ist es unmöglich, präzise vorherzusagen, wie lange Sie insgesamt brauchen werden. Im vierten Schritt bekommen Sie einen Eindruck davon, wie lange es in Ihrem Fall dauern *könnte.*

Dabei macht dieses Buch keine Vorgaben, wie lange jeder einzelne Schritt mindestens dauern sollte oder wie viel Zeit Sie höchstens auf ihn verwenden sollten. Für einige Schritte brauchen Sie länger als für andere. Einige fallen Ihnen möglicherweise leicht, andere dagegen treiben Sie vielleicht zur Verzweiflung. Verfallen Sie also nicht in Panik, wenn ein Schritt länger dauert als ein anderer.

Wenn Sie rechtlich «auf der sicheren Seite» sind (was Sie gleich im zweiten Schritt klären), werden Sie die ersten vier Schritte eventuell mühelos an einem Tag erledigen können. Liegen Sie jedoch im Clinch mit Ihren Geschwistern, können sich alle Schritte – und insbesondere die rechtliche Klärung im zweiten Schritt – hinziehen, auch wenn Ihnen das schrecklich auf die Nerven geht.

Reagieren Sie flexibel

Kein Elternhaus der Welt hält seine Herausforderungen in genau der hier dargestellten Reihenfolge parat. Einige Schritte werden Sie vielleicht mehrfach in Angriff nehmen müssen. Wenn irgend möglich, sollten Sie jedoch die ersten fünf und die letzten drei Schritte wie beschrieben angehen.

Die Schritte dazwischen, also den sechsten bis neunten Schritt, können Sie flexibel unternehmen, so, wie Sie sie gerade brauchen.

In diesem Buch geht es also nicht darum, dass Sie sich sklavisch an die hier dargestellte Schrittfolge halten, egal, wie schlecht Sie sich damit fühlen. Sie können variieren. Wichtig ist nur, dass Sie sich zuvor mit allen zwölf Schritten und der dahinterliegenden Dynamik des Ablaufs wirklich vertraut gemacht haben.

An wen sich dieses Buch wendet: Eine notwendige Anmerkung zum Sprachgebrauch

Sehen Sie es mir bitte nach: Ich gendere in diesem Buch nicht.

Dieses Buch will Sie darin unterstützen, ein Problem zu lösen, das vielleicht schon Stress bedeutet, wenn Sie nur daran denken. Ich habe mich daher dazu entschlossen, alles wegzulassen, was das schnelle Lesen und Verstehen der Inhalte dieses Buches erschweren könnte. Daher verzichte ich bewusst auf jede typografische Darstellung (Genderstern, Unterstriche oder Doppelpunkt) dessen, was für mich eine Selbstverständlichkeit ist: *Aus tiefster Überzeugung und vollem Herzen spreche ich mit diesem Buch Menschen aller Geschlechter, sexuellen Orientierungen sowie aller Hautfarben, Religionen usw. an. Alles andere wäre in meinen Augen absurd und respektlos.*

Und weil wir gerade bei *Respekt* sind: Wir Angehörigen der gerade ihre Elternhäuser auflösenden Generation haben in einer Zeit Lesen und Schreiben gelernt, in der «gendern» als Begriff den allermeisten vermutlich unbekannt war. Ich möchte Ihnen deshalb ein Buch, in dem sich alles um «Verlassenschaften» dreht (damit meine ich Gegenstände, Dokumente, Möbel, Kleidung usw., also wirklich *alle* Dinge im Haus Ihrer Eltern), in einem Schriftbild anbieten, das unseren Eltern noch vertraut wäre, würden sie dieses Buch lesen. Deshalb freue ich mich umso mehr, wenn Sie diese Seiten auch aufgrund dieser Entscheidung als gut lesbar wahrnehmen. Und ich hoffe, dass Sie meine Entscheidung akzeptieren, abwechselnd die männliche und weibliche Form, Begriffspaare wie «Töchter und Söhne» zu nutzen sowie an der einen oder anderen Stelle nur die männliche oder nur die weibliche Form zu lesen, weil ich beim Schreiben dann gerade einen Menschen dieses Geschlechts vor Augen hatte.

Anleitungen und Arbeitshilfen

Dieses Buch enthält eine Reihe von Arbeitshilfen und Checklisten, die Sie beim Erledigen der anstehenden Aufgaben unterstützen. Damit Sie beides im Buch schnell finden, ist die Überschrift zu diesem Textabschnitt jeweils grau unterlegt: Anleitung.

Die Arbeitshilfen und Checklisten habe ich durchnummeriert und diese Zahlen etwas vergrößert dargestellt. Sie finden damit schnell die entsprechenden Seiten und können sie auch nach dem Ausdrucken eindeutig dem jeweiligen Schritt zuordnen. Die erste Zahl verweist dabei auf den Arbeitsschritt, zu dem sie gehört, die zweite Zahl macht deutlich, die wievielte Anleitung für diesen Schritt Sie gerade in Händen halten. Das sieht am Ende dann z. B. so aus: Arbeitshilfe 3.2 (= die zweite Arbeitshilfe aus dem dritten Schritt).

Sie können alle Arbeitshilfen direkt im Buch bearbeiten. Alternativ fertigen Sie Kopien an. Wenn Ihnen das zu aufwendig ist, können Sie die Arbeitshilfen auch einfach herunterladen und digital nutzen oder ausdrucken. Sie finden alle Dokumente unter chah2023.adieuelternhaus.de.

Genug der Vorrede. Vor Ihnen liegt viel Arbeit. Ich danke Ihnen, dass ich Sie dabei begleiten darf. Lassen Sie uns anfangen.

Erste Phase

Sortieren

Erster Schritt
Sie selbst statt nur die Dinge – Sortieren Sie Ihre Erinnerungen

Das beschäftigt Töchter und Söhne gerade

Sie scheuen davor zurück, überhaupt irgendetwas in Ihrem Elternhaus anzufassen. Ab und an versuchen Sie, ein paar Dinge wegzuräumen. Aber schnell geben Sie diesen Versuch wieder auf. Manchmal steigt Panik in Ihnen auf: Wie soll das alles gehen? Da ist so vieles, was Sie tun müssten, doch Ihnen fehlen Mut und Energie.

Das Haus fühlt sich mit einem Mal fremd und kalt an. Die Dinge Ihrer Eltern stehen noch am angestammten Platz. Dennoch: Was früher Gewissheit und Sicherheit geboten hat, existiert nicht mehr. Keine Ihrer üblichen Routinen hilft Ihnen weiter. Manchmal flüchten Sie sich in Erinnerungen, die Sie von alldem ablenken und «Damals» wieder lebendig werden lassen. Aber so richtig hilft Ihnen auch das nicht weiter. Im Gegenteil: Diese Mischung unterschiedlicher Gefühle haben Sie noch nie erlebt. Ihnen fehlt Orientierung. Und ein Anfangspunkt, von dem aus es weitergehen könnte.

Jede Heldenreise startet aus der vertrauten alten Welt des Helden. Von hier aus wird er in sein Abenteuer aufbrechen. Sie ist sein innerer Ankerpunkt, die Quelle aller Erinnerungen. Er trägt diese inneren Bilder in sich – ganz egal, welchen Herausforderungen er bei allem, was noch kommt, begegnen wird.

Am Anfang geht es nur um Sie

Elternhaus-Auflösen fängt nicht in den Räumen Ihrer Eltern an. Es beginnt mit Ihnen selbst.

Neben Ihrem Job und/oder Ihren familiären Verpflichtungen sollen Sie nun ein weiteres «Projekt» stemmen, bei dem Sie lauter Dinge tun müssen, die Sie vielleicht noch nie oder bisher nur sehr selten getan haben: Möbel selbst abbauen und zerlegen, einen gemieteten Transporter viele Male zum Sperrmüll fahren, Makler und Entrümpler aussuchen usw. Und vor allem: über unzählige Dinge entscheiden, die bisher Ihren Eltern gehörten. Das allein wäre schon anstrengend genug. Aber das, was das Auflösen eines Elternhauses zur wirklichen Anstrengung macht, sind nicht die Möbel und all die vielen Dinge Ihrer Eltern, sondern Ihre Erinnerungen und Empfindungen, die Sie mit ihnen und diesem Ort verbinden. Und die Sie immer dann einholen, wenn Sie etwas sortieren, Entscheidungen treffen oder einfach nur Dinge wegwerfen wollen.

Vieles kommt Ihnen plötzlich fremd oder unangenehm vor. So, als ob mit dem Auszug oder Tod der Eltern die Räume selbst aufgehört hätten zu leben. Die staubigen Flächen und abgenutzten Ecken. Die schiefen Schranktüren, die in die Jahre gekommenen Vorhänge. Bis vor Kurzem war das meiste einfach alt. Jetzt wirkt es plötzlich vernachlässigt und geradezu ungepflegt. Versteckte Scham, sogar stiller Zorn blitzen auf: Warum haben wir nicht früher …?

Aber da ist noch mehr. Einiges andere in den Räumen der Eltern kam Ihnen schon lange überflüssig, unangenehm oder sogar eklig vor. Aber jetzt, wo das Haus leer steht und nie wieder so sein wird wie früher, betrachten Sie diese Dinge mit einem Mal mit anderen Augen. Viele Male haben Sie versucht, Ihren Vater dazu zu bewegen, endlich die uralte, muffige Wolldecke zu entsorgen, die seit Jahren unbenutzt über der Lehne seines Lieblingssessels hängt. Jetzt könnten Sie das mit einem Handgriff selbst erledigen. Stattdessen streichen Sie wehmütig über den filzigen Stoff und brechen vielleicht sogar in Tränen aus.

Wo also könnten Sie bei all dem am besten anfangen?

Machen Sie aus der «Not» eine Tugend

Wenn es Ihnen in Ihrem Elternhaus schon genau so oder ähnlich ergangen ist, verabschieden Sie sich für einen Moment davon, möglichst schnell möglichst viel erledigen und schaffen zu wollen. Erlauben Sie sich stattdessen, Ihren Erinnerungen und Empfindungen den Raum zu geben, den beides offenbar braucht. Tun Sie das auch, wenn Sie Ihr Elternhaus unter Zeitdruck, z. B. an nur ein oder zwei Wochenenden auflösen müssen. Gerade dann ist das entscheidend, um anschließend gut voranzukommen.

Fixieren Sie Ihr inneres Bild

Hier in diesem Schritt befassen Sie sich zunächst mit Ihren Empfindungen und Erinnerungen an Ihr Elternhaus. Tun Sie das zu Hause oder suchen Sie sich einen für Sie angenehmen Platz, an dem Sie ungestört sind. Direkt vor Ort in Ihrem Elternhaus wären Sie dem umgekehrten Effekt ausgeliefert: Ihr Blick würde immer wieder umherschweifen, und Sie wären ständig versucht, irgendetwas zu sortieren oder wegzuräumen.

Jetzt ist jedoch der Moment, erst einmal bewusst *in Ihnen selbst* zu sortieren und abzuschließen: All die schrecklichen Erfahrungen oder auch die wunderbare Zeit dort, die nie wiederkommt. Hier im ersten Schritt geht es darum, das, was gut und wichtig an und mit diesem Ort war, als Schatz mit in Ihr weiteres Leben zu nehmen. Und alles andere ebenfalls klar zu benennen und sich davon zu verabschieden. Verklären und überhöhen Sie nichts. Reden Sie sich nichts schön, was definitiv nicht schön war. Machen

Sie sich klar, dass genau jetzt der Zeitpunkt gekommen ist, an dem Sie – und zwar zum letzten Mal – die Chance haben, etwas im Zusammenhang mit diesem Ort *für sich selbst* zu tun.

Unten im Abschnitt «Anleitungen und Arbeitshilfen» zeigt Ihnen die Arbeitshilfe 1.1 eine Möglichkeit, wie Sie Ihre eigenen Erinnerungen und Empfindungen übersichtlich zu Papier bringen können. Ich habe diese Arbeitshilfe *Emotionales Klingelschild* genannt. So wie ein Klingelschild jedermann wissen lässt, wer hinter dieser Haus- oder Wohnungstür lebt, so fasst das Emotionale Klingelschild auf stark verkürzte Weise zusammen, was diesen Ort in Ihrer Erinnerung ausmacht. Die Zusammenfassung wird Ihnen im weiteren Verlauf helfen, sich immer wieder zu fokussieren, und Sie bis zum letzten Schritt begleiten.

Schoko-Schublade und Earl-Grey-Tee oder: Die «Geburtsstunde» des Emotionalen Klingelschilds

Wenn ich an mein eigenes Elternhaus zurückdenke, ist es vor allem dieses Geräusch, das ich immer noch sofort aus allen anderen dort heraushören würde: Der Klang, wenn die oberste Schublade des Fernsehschranks, in der immer Schokolade zu finden war, geöffnet oder geschlossen wurde. Das Geräusch des Messingrings, der dabei leise das dunkle, rötliche Holz berührte. Und die Erinnerung an das schwarze Leder des schräg gegenüber stehenden Sofas, so dick, dass ich es mit der Hand nicht verschieben konnte. Außerdem: der Geruch von Earl Grey im gesamten Haus, nachmittags, wenn mein Vater von der Arbeit nach Hause gekommen war. Tee nach der Arbeit: Kaum ein Ritual haben meine Eltern bis zu ihrem Auszug so konsequent beibehalten, selbst als mein Vater längst in Rente war. Die gedämpften Töne, die trotz geschlossener Tür durch das Haus fluteten, wenn er anschließend – wie wir es nannten: «im Dach» – an seinem Flügel saß und spielte. Die uralten Familienbilder im Flur und das glatte, warme Holz des Treppengeländers. Die dicken gelben Gartenstuhl-Auflagen mit dem braunen Karomuster, Sommer für Sommer im Einsatz, obwohl schon reichlich durchgesessen. Und nicht zuletzt: der festlich gedeckte Tisch an Heiligabend. Kartoffelsalat und Würstchen, so selbstverständlich und nicht verhandelbar wie eine halbe Stunde zuvor das Amen in der überfüllten Kirche.

Als wir mein Elternhaus auflösten, verbrachte ich viel Zeit vor Ort und bei mir zu Hause mit solchen Erinnerungen. Eines Abends begann ich, sie alle aufzuschreiben – unsortiert, stichwortartig und streckenweise kaum leserlich.

In den Tagen und Wochen danach ergänzte ich diese Aufzeichnungen weiter, immer noch völlig unsortiert. Irgendwann erstellte ich eine «ordentliche» Version. Ich sammelte ähnliche Erinnerungen unter einem Stichwort, wie z. B. «Ereignisse», «Geräusche», «Farben» usw. Diese zweite Fassung heftete ich hinter meine Aktivitätenliste (die Sie im dritten Schritt kennenlernen werden). Diese Blätter halfen mir vor allem dann weiter, wenn es darum ging, Dinge auszusortieren oder wegzugeben (worüber ja in meinem Fall meine Eltern das letzte Wort hatten). Wenn es hier zu einer längeren Diskussion kam, stellte ich den beiden manchmal die Frage: «Verliert ihr eure *Erinnerung* an den Gegenstand, wenn ihr ihn jetzt weggebt? Nein!? Also dann ...» Häufig fiel den beiden die Entscheidung damit leichter.

Begreifbare Erinnerungen: Ein Bild sagt mehr als 1000 Worte

Fotografieren Sie Ihr Elternhaus – und zwar egal, wie es Ihnen dort ging. Für viele Menschen sind diese Aufnahmen wertvolle Ergänzungen zu ihren eigenen Erinnerungen. Und für Menschen, die mit diesem Ort vorrangig Schlechtes verbinden, schaffen sie eine Möglichkeit, sie später bewusst, stellvertretend und symbolisch zu verabschieden. Wie das konkret aussehen kann, erfahren

Sie im zwölften Schritt. Hier im ersten Schritt reicht es, wenn Sie diese Aufnahmen nicht nur auf Ihrem Handy, Tablet oder per Kamera, sondern auch noch an einem anderen Ort separat speichern. Damit haben Sie später noch darauf Zugriff, selbst wenn Sie sie versehentlich auf einem Gerät löschen oder z. B. Ihr Handy verlieren sollten.

Die meisten Menschen fangen erst mit dem Fotografieren an, wenn bereits ein Teil der Dinge um- oder weggeräumt bzw. entsorgt ist. Damit ist der alte, ursprüngliche Zustand zwar nicht mehr vorhanden. Aber selbst diese Bilder werden Ihnen später z. B. dabei helfen, Ihrem Partner von Ihrem Elternhaus zu erzählen oder Ihren Kindern das Aussehen des Wohnzimmers der Großeltern zu beschreiben, in dem sie als Kleinkinder gespielt haben. Ein Bild sagt auch hier mehr als tausend Worte.

Diese Fotos sind aber auch hilfreich, um einfach den eigenen Erinnerungen nachhängen zu können. Nutzen Sie also diese Möglichkeit, solange sie noch besteht. Sie können die Fotos später mit wenigen Klicks löschen, wenn Sie sie wirklich nicht behalten wollen. Aber es ist unmöglich, sie nachträglich anzufertigen.

Im Abschnitt «Literatur-Empfehlungen» am Ende dieses ersten Schrittes finden Sie Beispiele, wie Menschen ihr Elternhaus fotografisch dokumentiert haben. Lassen Sie sich nicht davon abschrecken, dass es sich hierbei um professionelle Fotografen handelt. Es geht nicht um perfekt ausgeleuchtete und inszenierte Bilder. Alle drei genannten Fotografen haben ihr jeweiliges Elternhaus aus persönlichen Gründen fotografiert – genau so, wie Sie das mit den Ihnen zur Verfügung stehenden Mitteln ebenfalls tun können.

Anleitung und Arbeitshilfen

Klemmbrett oder digitales Arbeiten

- Besorgen Sie sich zunächst ein Klemmbrett in Größe DIN A4, das Sie in allen nächsten Schritten immer bei sich haben können. Wählen Sie möglichst eine knallige, auffallende Farbe, damit Sie es später zwischen den vielen herumliegenden Dingen schnell wiederfinden. Klemmen Sie in den folgenden Schritten alle Arbeitshilfen hier ein.
- Alternativ können Sie auch mit den heruntergeladenen Arbeitshilfen digital, z. B. am Tablet, arbeiten. Meiner Erfahrung nach ist dies zwar die «schlankere» Methode. Sie hat aber den Nachteil, dass Sie die verschiedenen Seiten bei Bedarf nicht ausgedruckt nebeneinanderlegen können. Ich habe die ganze Zeit mit Papierversionen gearbeitet – so konnte ich z. B. auch nicht von eingehenden E-Mails usw. abgelenkt werden. Aber das ist reine Geschmackssache; entscheiden Sie selbst, wie Sie hier verfahren möchten.

Emotionales Klingelschild

- Kopieren Sie sich die *Arbeitshilfe 1.1 – Emotionales Klingelschild* oder laden Sie sich die Datei herunter, die sämtliche in diesem Buch genannten Arbeitshilfen enthält. Den Link hierzu finden Sie vorne in der «Gebrauchsanleitung».
- Suchen Sie einen Ort außerhalb Ihres Elternhauses, an dem Sie sich wohlfühlen und an dem Sie eine Zeit lang ungestört sein können.
- Die meisten Menschen haben schöne und weniger schöne Erinnerungen an ihr Elternhaus. Beides kann und soll hier seinen Platz finden. Machen Sie sich im Folgenden aber nur so lange Notizen zu den unten stehenden Fragen, wie es sich gut für Sie anfühlt. Falls Sie traumatische, von Gewalt geprägte Erfahrungen in und mit Ihrem Elternhaus erlebt haben, kann es sinn-

voll und hilfreich sein, dass Sie professionelle Unterstützung einholen. Dieses Buch kann eine professionelle therapeutische Begleitung nicht ersetzen.

- Beginnen Sie nun, anhand der folgenden Fragen Ihr Emotionales Klingelschild zu erstellen.

  Der wichtigste Ort

  - Welcher Raum, welcher Gegenstand (z. B. ein Möbelstück) in Ihrem Elternhaus hat eine besondere Bedeutung für Sie? Was ist die Geschichte dazu? Denken Sie daran: «Wichtig» meint nicht automatisch «schön». Machen Sie sich Notizen oder Stichworte, fertigen Sie Kritzeleien an – bringen Sie zu Papier, was für Sie am besten passt.

  Elternhaus mit allen Sinnen

  - Welche Farben, Formen, Materialien sind für Sie untrennbar mit Ihrem Elternhaus verbunden? Beschreiben Sie, was Sie in der Erinnerung in Ihren Händen spüren. Welcher Geschmack von «früher» – angenehm oder nicht – kommt Ihnen in den Sinn? Welches Geräusch, welcher Klang? Welchen Geruch haben Sie «in der Nase», den Sie in Ihrem Elternhaus besonders mochten – oder der eher merkwürdig war? Schreiben Sie es auf, in Stichworten oder ganzen Sätzen.

  Regeln und Rituale

  - Erinnern Sie sich an Abläufe und Regeln, die es in Ihrem Elternhaus gab. Das können Kleinigkeiten aus dem Alltag sein, aber auch besondere Rituale, beispielsweise zu Weihnachten oder bei Geburtstagen. Wie haben Sie sich gefühlt in diesen Momenten? Bringen Sie es zu Papier.

  Was hat Sie genervt?

  - Nehmen Sie ein kleines Blatt Papier, und notieren Sie dort etwas, das Sie an Ihrem Elternhaus besonders genervt oder geärgert hat. Das kann eine quietschende Tür, ein nicht zu öffnendes Fenster oder irgendein sonstiges Ärgernis sein, das nie entfernt, repariert oder geändert wurde. Falten Sie diesen Zettel möglichst klein zusammen, sodass Sie den Inhalt nicht mehr lesen können, und befestigen Sie ihn mit einem Streifen Klebefilm auf dem «Klingelknopf» Ihres Emotionalen Türschildes.

- Bewahren Sie Ihre ausgefüllte Arbeitshilfe gut auf, sodass Sie sie später leicht wiederfinden.
- Ergänzen Sie die Arbeitshilfe gerne. Nutzen Sie dafür bei Bedarf eine Kopie. Setzen Sie immer dann unten rechts auf dem Blatt ein Kreuz in den grau hinterlegten Kasten, wenn Sie ein weiteres Blatt beginnen. Das letzte Blatt bekommt kein Kreuz. So wissen Sie später noch, dass es mehrere Seiten des Emotionalen Klingelschilds gibt. Bei Bedarf nummerieren Sie die einzelnen Blätter zusätzlich.

Fotodokumentation

- Machen Sie baldmöglichst Fotos von Ihrem Elternhaus. Handy- oder Tablet-Kamera leisten für diesen Zweck genauso gute Dienste wie eine hochwertige Digital- oder klassische analoge Kamera. Es geht nicht um perfekte Aufnahmen.
- Schalten Sie (auch tagsüber) in jedem Raum *alle* verfügbaren Lichtquellen ein. So können Sie später Details besser erkennen.
- Nehmen Sie sich die Zeit, wirklich jeden Raum zu fotografieren (ggf. auch aus mehreren Perspektiven), also auch reine «Funktionsräume» wie Bad, Waschküche usw. *Arbeitshilfe 1.2 – Übersicht Elternhaus-Räume* gibt Ihnen einen Überblick, an welche Räume Sie alles denken sollten.

Sie und Ihre Bedeutsamen Anderen in diesem Schritt

Ihr Emotionales Klingelschild können Sie erstellen, ohne sich mit Ihren Geschwistern oder sonstigen Bedeutsamen Anderen abstimmen zu müssen. Sie *sollten* das sogar alleine und ohne vorherigen Austausch mit anderen tun. Hier geht es um Ihre ganz eigenen Erinnerungen, nicht um das, was bei einem Gespräch oder einer Auseinandersetzung mit anderen daraus wird.

Wenn Sie anderen von Ihren Notizen erzählen wollen, lassen Sie sich keinesfalls auf eine Diskussion darüber ein, ob Ihre Erinnerungen oder Gefühle «stimmen». Menschen nehmen Dinge unterschiedlich wahr.

Was die Fotodokumentation betrifft, kann Ihre Situation mit Blick auf Ihre Bedeutsamen Anderen schwieriger sein. Das hängt von der Rechtslage ab, in der Sie sich befinden; um dieses Thema geht es gleich ausführlich im zweiten Schritt. Können Sie allein entscheiden, wann und zu welchem Zweck Sie Ihr Elternhaus betreten, nehmen Sie die Fotodokumentation möglichst umgehend in Angriff. Müssen Sie sich hierzu jedoch mit Menschen absprechen, die ansonsten jeden Ihrer Schritte kritisch beäugen, erklären Sie ihnen, was Sie vorhaben, und laden Sie sie dazu ein, diese Runde durch das Haus gemeinsam zu drehen. Das Ziel, möglichst alle Räume zu fotografieren, kann an dieser Stelle dabei helfen, die üblichen Auseinandersetzungen zu vermeiden, aber gleichzeitig im wahrsten Sinne des Wortes die «Sichtweise» der Anderen auf die gemeinsame Geschichte an diesem Ort neu oder besser kennenzulernen.

Literatur-Empfehlungen

Beispiele für Erfahrungsberichte

Brown, Louise (2021): Was bleibt, wenn wir sterben. Erfahrungen einer Trauerrednerin. Kapitel «Omas selbstgestickte Tischdecke oder Das Ausräumen des Elternhauses». München, S. 92 – 94.

Flem, Lydia (2004): Wie ich das Haus meiner Eltern leer räumte. München.

Frey Werlen, Sylvia (1992): Seelenfenster. Vom Sterben der Eltern und der Chance, ihnen dabei neu zu begegnen. Basel.

Fotodokumentation vom Auflösen des Elternhauses sowie Vorher-nachher-Aufnahmen

Egerer, Jörg (2021): Ausstellung «Mein Elternhaus» im Kunstverein Ottobrunn. sueddeutsche.de/muenchen/landkreis muenchen/ottobrunn-im-verlassenen-elternhaus-1.5248132 (Abruf 06. 03. 23).

Licht, Tom (2016): Daheim. Heidelberg.

Schieder, Christoph (2015). Lothars Wohnung. Was bleibt, wenn wir gehen. Frankfurt.

Arbeitshilfe 1.1

Emotionales Klingelschild

Der
«eine» Ort

Raum/
Gegenstand

Geruch/
Geschmack

Geräusch(e)

Farben, Formen
Materialien

Regeln und
Rituale

– Tragen Sie in diesen Kasten die Adresse Ihres Elternhauses ein (Straßenname und Hausnummer) –

Weitere Seite für Emotionales Türschild?
(Setzen Sie rechts ein Kreuzchen, wenn Sie ein weiteres Blatt für Ihr Emotionales Klingelschild anlegen)

Arbeitshilfe 1.2

Foto-Dokumentation

Welche Räume gibt es in Ihrem Elternhaus?

Denken Sie hier nicht nur an die Zimmer, die für Sie persönlich wichtig waren. Fotografieren Sie wirklich alles. Dazu gehören in der Regel folgende Räume:

- Wohn-, Schlaf-, Kinder-, Gäste- und Arbeitszimmer sowie Küche, Flur(e) und Bad/Bäder,

aber (gegebenenfalls) auch:

- Eingangsbereich/Windfang
- Garderobenraum
- Gäste WC
- Hobbyraum
- Abstellräume
- Werkstatt
- Waschküche
- Treppenhaus
- Balkon(e)
- Kellerbar
- Vorratsraum usw.

Denken Sie auch an Außenbereiche wie z. B.

- Terrasse(n) mit Gartenmöbeln
- Spielbereiche
- Schuppen
- Gartenhäuschen
- Garage(n), Carport o. Ä.
- Fassade
- Eingangsbereich von außen
- Zufahrt

Zweiter Schritt
Präzises Wissen statt bloßer Meinung – Sortieren Sie die Fakten und Ihr Ziel

Im zweiten Schritt konzentrieren Sie sich nun nicht mehr auf Gefühle und Geschichte, sondern auf Fakten und Ziele. Sie definieren, wenn das jetzt schon möglich ist, was mit dem Haus bzw. der Wohnung passieren soll. Außerdem klären Sie Ihre rechtliche Situation, um auf der sicheren Seite zu sein. Lassen Sie diesen zweiten Schritt *auf keinen Fall* aus. Den meisten Menschen ist nicht bewusst, wie angreifbar sie sich beim Auflösen ihres Elternhauses machen, wenn sie ihre juristische Ausgangslage vorher nicht einwandfrei geklärt haben.

Das beschäftigt Töchter und Söhne gerade

Für Sie ist es sonnenklar: Sie sind diejenige, die Ihr Elternhaus auflöst.

Ihren Eltern haben Sie versprochen, dass Sie sich um alles kümmern. Also einfach anfangen und Fakten schaffen? Aber da sind die hochgezogenen Augenbrauen von Schwester oder Bruder und die vorsichtigen Hinweise von Freunden, genau das lieber sein zu lassen. Aber was denn bitte dann?

Im zweiten Schritt ist sie da, die Herausforderung, die alles beherrscht. Sie schafft Fakten, bringt Umstände mit sich, an denen der Held nicht vorbeikommt. Besser also, man kennt sie ganz genau. Bloße Vermutungen, Meinungen und ungeprüfte Überzeugungen helfen nicht weiter, sind vielleicht sogar gefährlich, wenn es in Wirklichkeit ganz anders ist.

Das A und O: Sicher handeln können

Beim Auflösen des Elternhauses stoßen nüchterne Tatsachen auf unterschiedliche Vorstellungen, Gefühle, Hoffnungen und Wünsche.

Hier im zweiten Schritt verschaffen Sie sich daher die wichtigsten Voraussetzungen, um später in Ihrem Elternhaus erfolgreich voranzukommen:

1. Sie formulieren Ihr persönliches Ziel, das Sie mit dem Auflösen Ihres Elternhauses verfolgen – unabhängig davon, was Ihre Bedeutsamen Anderen wollen.
2. Sie kümmern sich um relevante Dokumente.
3. Sie verschaffen sich Klarheit über Ihre Rechte und Pflichten.

Aber ich kann doch nicht …?!
Wenn sich Scham und Unbehagen regen

Fragen Sie sich gerade, ob das wirklich alles nötig ist? Kommt ein leichtes Unbehagen in Ihnen hoch, vielleicht sogar so etwas wie Scham: Was sollen denn Ihre Geschwister, Ihre Bedeutsamen Anderen von Ihnen denken, wenn Sie jetzt plötzlich anfangen, von rechtlichen Dingen zu sprechen? Ist es Ihnen unangenehm, weil Sie ja *immer* diejenige sind, die für Klarheit und Übersicht sorgt – und sich jetzt damit voraussichtlich ein weiteres Mal von den Geschwistern als «Nervensäge» bezeichnen lassen muss?

Lassen Sie sich von diesen Befürchtungen nicht beirren. Der vor Ihnen liegenden Aufgabe sollten sich *alle* stellen, die ihr Elternhaus auflösen müssen.

Es ist Ausdruck Ihrer Umsicht und Ihres Verantwortungsgefühls, wenn Sie dies jetzt tun. Sie müssen klar wissen, was Sie (nicht) dürfen, und zwar ganz egal, wie Ihr Verhältnis zu Ihren Bedeutsamen Anderen ist. Verabschieden Sie also Gefühle wie Scham und Unbehagen, auch wenn es schwerfällt. Beglückwünschen Sie sich dazu, dass Sie es auf sich nehmen, sich in eine mehr oder weniger komplexe Sachlage hineinzudenken und sich damit so gut wie möglich vor bösen Überraschungen zu schützen.

Machen Sie sich schlau – in der Hoffnung, das Auflösen Ihres Elternhauses ohne Auseinandersetzungen mit Ihren Bedeutsamen Anderen über die Bühne bringen zu können. Falls Sie jedoch absehen können, dass das nur ein frommer Wunsch sein wird: Nichts ist in einem Streitfall ärgerlicher und unangenehmer, als den Bedeutsamen Anderen ratlos gegenüberzustehen, die sich selbst genauestens informiert haben und in einem Überraschungsmoment mit rechtlichem Beistand die eigene Position und persönliche Interessen durchsetzen.

Wie Feuer und Wasser: Wenn Überzeugungen auf Fakten treffen

Beim Auflösen des Elternhauses prallen Gefühle und Überzeugungen auf nüchterne Regeln, Vorschriften und Bestimmungen. Deutsches Erbrecht und das Bürgerliche Gesetzbuch (BGB) scheren sich nicht um Emotionen und Meinungen. Irgendein BGB-Paragraf – für Ihre Situation relevant – fegt im Ernstfall von jetzt auf gleich Absprachen oder auch jahrzehntelang eingeübte Routinen zwischen Ihnen und Ihren Eltern vom Tisch. Angelesenes Halbwissen, persönliche Vermutungen und vermeintliche Gewissheiten sowie die Erfahrung anderer Menschen reichen nicht aus, damit Sie beim Auflösen Ihres Elternhauses auf der sicheren Seite sind. Genießen Sie deshalb gut gemeinte Ratschläge und Empfehlungen nur mit äußerster Vorsicht. Was Sie brauchen, ist Handlungssicherheit gegenüber Ämtern und Versicherungen sowie sonstigen Vertragspartnern Ihrer Eltern. Und vielleicht auch gegenüber Bekannten, Freunden und Familienmitgliedern.

Oft versuchen Familienmitglieder, eigene Ansprüche durchzusetzen, stellen die Rechte anderer in Frage oder ignorieren sie einfach, indem sie unwiderruflich Fakten schaffen. Vermeintlich geht es dabei um die Frage, wer «im Recht ist». Das darunterliegende eigentliche Problem jedoch besteht zumeist aus alten Verletzungen, die sich beim Auflösen des Elternhauses als Habgier, Neid und Missgunst Luft machen. Einige dieser Auseinandersetzungen laufen völlig aus dem Ruder und landen sogar vor Gericht – auch wenn sich das keiner der Beteiligten jemals hätte vorstellen können.

Die Hinterlassenschaft, die keiner will

Wenn Eltern keine Vollmachten ausgestellt haben und jetzt auch nicht mehr dazu in der Lage sind, wird es noch komplexer. Die Themen «Vollmachten» und «Vorsorge» füllen inzwischen Regalmeter in den Buchhandlungen. Das Bewusstsein darüber, wie notwendig beides ist, ist inzwischen deutlich gestiegen. Aber das alles nützt Ihnen nichts, wenn diese Erkenntnis nicht bis zum eigenen Vater, zur eigenen Mutter durchgedrungen ist und Ihnen deshalb jetzt die entscheidende Vollmacht fehlt. In dieser Situation fallen Ihnen viele Fragen gleichzeitig vor die Füße: Wer darf Haus oder Wohnung verkaufen, vermieten oder dem Vermieter kündigen? Welche Entscheidungen dürfen Sie für Ihre Eltern fällen, wenn diese noch leben, und wie können Sie sicherstellen, dass Dritte Sie auch als Handelnde akzeptieren? Bei welchen Themen müssen Sie sich damit abfinden, nicht handeln zu können, obwohl Ihnen das vollkommen widersinnig erscheint? Neben diesen unmittelbar einleuchtenden Fragen müssen Sie sich auch mit solchen beschäftigen, die erst auf den zweiten Blick von Bedeutung werden. Was passiert z. B. mit laufenden Versicherungen für das Haus? Wer muss / darf sich darum kümmern? Und: Müssen diese zunächst angepasst und damit vorübergehend höhere Prämien in Kauf genommen werden? Aus dem einfachen Grund, weil ein nicht mehr dauerhaft bewohntes Haus ein höheres Einbruchs- und Schadensrisiko mit sich bringt und Sie ohne Meldung sogar den Versicherungsschutz für Ihr Elternhaus, während Sie es auflösen, *komplett* verlieren würden? Müssen Sie mit Antritt Ihres Erbes womöglich auch noch Zweitwohnungssteuer an dem Ort zahlen, wo Ihr Elternhaus steht – denn die zuständige Behörde stellt sich auf den Standpunkt, Ihr Elternhaus sei ja nunmehr Ihr zweiter, nicht ständig bewohnter Wohnsitz und diese Steuer damit fällig?

Am Ende stehen Söhne und Töchter immer vor denselben Fragen: Was dürfen sie und was nicht, was wollen sie, und was müssen sie dafür an Dokumenten zusammenstellen oder ggf. beantragen?

Wenn Vollmachten fehlen, aber die (noch lebenden) Eltern nicht mehr handeln können, ist es vor dem Hintergrund der komplexen rechtlichen Lage für einen Laien kaum möglich, anhand der verfügbaren Literatur und Internetquellen eine – mit Blick auf die eigene Situation – verlässliche Antwort auf all diese Fragen zu finden. Ein Rechtsexperte kann dagegen im Gespräch mit Ihnen Ihre Situation konkret einschätzen und Ihnen individuell darauf abgestimmte Empfehlungen geben.

Verschwenden Sie in diesem Moment also nicht zu viel Zeit mit Überlegungen darüber, welche Erinnerungsstücke aus dem Haus Ihrer Eltern Sie selbst gern mitnehmen möchten und was Ihr habgieriger Bruder auf keinen Fall, Ihre wunderbare Schwester aber unbedingt bekommen soll. Und sollten Ihre Bedeutsamen Anderen versuchen, Ihnen diese Diskussion jetzt schon aufzuzwingen: Auch bei diesem Thema gelten in Ihrem konkreten Fall vielleicht Regelungen, die Sie kennen und beachten sollten. Machen Sie Ihren Geschwistern bei Bedarf also deutlich, dass die Reihenfolge für Sie eine andere ist. Wie gesagt, es geht hier nicht darum, anderen Böses zu unterstellen. Es geht hier um Handlungssicherheit. Nicht mehr und nicht weniger.

Und sollte Ihnen an dieser Stelle jetzt gerade danach sein: Grollen Sie ruhig Ihren Eltern für einen Moment. Schließlich hätten Mutter und / oder Vater alles Wichtige in diesem Zusammenhang schon viel früher regeln können, und zwar mit Ihnen und Ihren Bedeutsamen Anderen zusammen. Damit wären Sie jetzt nicht in der Situation, sich auf eigene Faust schlaumachen und evtl. erst noch jede Menge Dokumente beschaffen zu müssen.

Klares Vorhaben oder noch alles offen? Ihr Ziel beim Elternhaus-Auflösen

Was würde mit dem Haus passieren, wenn es nur nach Ihnen ginge? Und was ist Ihnen *während* des Auflösens Ihres Elternhauses wichtig?

Längst nicht alle Menschen sind sich über die erste, geschweige denn über die zweite Frage im Klaren, wenn sie mit dem Auflösen starten. Dabei helfen Ihnen Ihre Antworten darauf sehr, während der Arbeit im Elternhaus immer wieder zielgerichtet vorzugehen und es sich dadurch etwas leichter zu machen. Zielorientiert bedeutet dabei nicht, gefühl- und rücksichtslos alles «in die Tonne zu hauen». Es schont allerdings immer wieder mal – ggf. auch im Kontakt mit Bedeutsamen Anderen – Ihre Kräfte und Nerven. Anstrengend genug wird es vermutlich trotzdem.

Wie Sie diese beiden Aspekte Ihres Elternhaus-Ziels unkompliziert auf Papier bringen, erfahren Sie unten im Abschnitt «Anleitungen und Arbeitshilfen».

Verkaufsrelevante Dokumente bei Wohneigentum

Egal, ob Sie Haus bzw. Wohnung später selbst behalten, vermieten oder verkaufen wollen: Sie brauchen hierzu eine Reihe von Dokumenten. Einige davon können Sie vielleicht bereits jetzt zusammenstellen. Sie sind auch eine wichtige Informationsquelle für den Anwalt, mit dem Sie in diesem Schritt Ihre rechtliche Situation klären und auch besprechen, welche weiteren Dokumente Sie in Ihrem Fall brauchen und wie Sie vorgehen können, wenn Sie diese nicht mehr beschaffen können.

Idealerweise finden Sie in Ihrem Elternhaus mühelos einige sorgfältig geführte Ordner über das Haus bzw. die Wohnung. Oder Sie müssen erst noch die folgenden Dokumente zusammenstellen:

Grundrisse

- Grundrisse sind vollständige, technisch gezeichnete Darstellungen der bebauten Fläche, aber auch sämtliche sogenannten Schnitte. Falls Sie keine solche Darstellungen finden, können Sie beim Bauaufsichtsamt des Ortes versuchen, Kopien zu erhalten, auch wenn das Haus schon mehrere Jahrzehnte alt ist.

Lageplan

- Im Lageplan werden die Größe, der Umriss des Grundstücks sowie die angrenzenden Grundstücke dargestellt. Können Sie keinen solchen Plan finden, kann Ihnen das örtliche Katasteramt weiterhelfen (oder das zuständige Amt mit einer ähnlichen Bezeichnung; das variiert je nach Bundesland).

Baugenehmigung und Baupläne

- Diese Unterlagen belegen, dass Ihr Elternhaus bzw. die Wohnung Ihrer Eltern nicht «schwarz» errichtet wurde. Bei Bedarf sollten Sie ebenfalls mit der örtlichen Stadtverwaltung klären, ob und wo Sie ggf. noch Kopien davon erhalten können.

Hausbezogene Versicherungspolicen

- Hierzu gehören Wohngebäude- sowie Haftpflicht- und ggf. weitere Sonderversicherungen wie Elementarschaden- oder Glasbruchversicherung. Die Wohngebäudeversicherung ist objektgebunden, geht also automatisch auf Sie über, wenn Sie Erbin sind. Sie haben jedoch die Möglichkeit, sie zu kündigen und bei einem anderen Versicherer eine neue Versicherung abzuschließen. Alle anderen hausbezogenen Versicherungen sind personengebunden, also auf Ihre Eltern ausgestellt. Hier müssen Sie abhängig von Ihrer rechtlichen Position im Einzelfall klären, ob Sie als Erbin Versicherungsnehmerin werden oder was zu tun ist.

Unterlagen zur Flächenberechnung

- Diese sind nützlich für verlässliche Quadratmeter-Angaben

beim Verkauf hinsichtlich der Wohn- und Nutzflächen Ihres Elternhauses. Falls es keine separate Flächenberechnung gibt, können Sie die Angaben aus dem Grundriss zusammenrechnen, alles ausmessen oder aber eine aktuelle Flächenberechnung durch einen Gutachter gemäß der sogenannten Wohnflächenverordnung nach DIN 277 vornehmen lassen. Besonders bei hochwertigen Immobilien und / oder in guten Wohnlagen ist dies ratsam, allerdings auch mit Kosten verbunden.

Umbau-, Sanierungs- oder Renovierungsunterlagen

- Das können Rechnungen oder auch Zeichnungen für Umgestaltungen im Haus sein, die z. B. deutliche Änderungen des Grundrisses mit sich gebracht haben.

Aktuelle Wertermittlung

- Diese ist nicht zwingend notwendig, kann aber im konkreten Einzelfall sehr nützlich sein, z. B. um ermüdende Diskussionen mit Ihren Bedeutsamen Anderen über den sich aus dem aktuellen Zustand des Hauses ergebenden tatsächlichen Wert einzudämmen. Falls es kein solches Dokument gibt, denken Sie darüber nach, es erstellen zu lassen. Das ist allerdings ebenfalls mit Kosten verbunden. Fragen Sie bei Bedarf den Gutachter, ob er bei einer Wertermittlung auch gleich eine detaillierte Wohnflächenberechnung vornehmen kann; in vielen Fällen ist das möglich.

Nebenkostenübersicht

- Wenn Sie eine Tabelle Ihrer Eltern mit diesen Angaben finden, prüfen Sie, von wann sie stammt. Gerade in den letzten Jahren haben sich Ausgaben für Energie, Wasser, Grundsteuer, Grundbesitzabgaben wie z. B. Abwasser, Müll und Straßenreinigung massiv verändert. Ergänzen Sie diese Übersicht ggf. um Zahlen aus Rechnungen über regelmäßige Instandhaltungen, Wartungen, Modernisierungen. Bilden Sie Mittelwerte, sodass Sie den durchschnittlichen

Aufwand pro Jahr vor Augen haben. Eine solche Übersicht wird Ihnen im vierten Schritt und beim Verkauf des Hauses bzw. der Wohnung später im zehnten Schritt wertvolle Hilfe leisten. Mit ihrer Hilfe können Sie außerdem berechnen, was alle Beteiligten ein Leerstand des Hauses kosten würde, falls keine Einigung über das weitere Schicksal des Hauses zustande kommt.

- Finden Sie keine Übersicht, stellen Sie sie – auch für Ihren eigenen Überblick – aus den Unterlagen zusammen.

Energieausweis

- Ein Energieausweis ist seit Jahren Pflicht beim Hausverkauf und einer Neuvermietung. Er muss auch schon bei Besichtigungsterminen im Rahmen des geplanten Hausverkaufs vorgezeigt werden können und kann online oder bei Energieberatern bezogen werden. Wenn Sie ihn online beantragen, achten Sie auf seriöse Anbieter; nicht jeder darf diesen Ausweis ausstellen. Näheres hierzu am Ende dieses Kapitels bei den «Literatur-Empfehlungen». Beantragen Sie dieses Dokument bei Bedarf so schnell wie möglich, denn ausstellungsberechtigte Energieberater sind in Zeiten explodierender Energiepreise gefragte Fachleute. Ein Vor-Ort-Termin kann daher mehrere Wochen Wartezeit mit sich bringen.

Grundbuchauszug

- Um sich selbst, aber auch potenzielle Käufer, vor unliebsamen Überraschungen zu schützen, besorgen Sie sich unbedingt vom örtlichen Grundbuchamt einen Grundbuchauszug. Sie finden darin Angaben zum Eigentümer, über Wege-, eventuelle Wohn-, Nießbrauchs- und andere Nutzungsrechte sowie eingetragene Grundschulden. Prüfen Sie das genau. Viele Eigentümer vergessen über Jahre oder Jahrzehnte, das Grundbuch auf dem aktuellen Stand zu halten. Hier kann zusätzlicher Aufwand vor einem Verkauf nötig sein, z. B., wenn Ihre Eltern vor Urzeiten vergessen haben sollten, Grundschuldeintragungen oder längst beglichene Hypotheken austragen zu lassen. Ein nicht gepflegtes Grundbuch erschwert einen Verkauf. Schlimmstenfalls offenbaren sich hier sogar unklare oder bisher nicht bekannte Eigentumsverhältnisse, die die Frage aufwerfen, wer überhaupt berechtigt ist, einen Kaufvertrag zu unterschreiben.

Stellen Sie anhand dieser Liste fest, dass Sie Dokumente bei den örtlichen Behörden beantragen müssen, tun Sie das als Erstes.

Bei Bedarf: Starten Sie bereits jetzt die Suche nach einer Maklerin

Sollten Sie für sich oder zusammen mit Ihren Bedeutsamen Anderen bereits entschieden haben, das Haus oder die Wohnung verkaufen zu wollen, spricht nichts dagegen, schon jetzt mit der Suche nach einer Maklerin zu starten. Warten Sie in diesem Fall noch ab, was das Veröffentlichen von Verkaufsanzeigen und mögliche Besichtigungstermine angeht, bis Sie mit der Maklerin gesprochen haben. Starten Sie erst einmal in Ruhe mit den eigentlichen Arbeiten in Ihrem Elternhaus.

Mehr Hinweise zur Suche nach und der Zusammenarbeit mit einer Maklerin finden Sie im zehnten Schritt. Spätestens dann sollten Sie dieses Thema nämlich aktiv angehen. Wenn Sie bereits jetzt die Entscheidung gefällt haben, blättern Sie für einen kurzen Moment zum zehnten Schritt. Dort finden Sie eine Reihe von Hinweisen, die gerade dann hilfreich sind, wenn Sie noch nie als Haus-Verkäufer mit einer Maklerin zu tun hatten. Wenn Sie sich einen Überblick verschafft haben, kehren Sie hierher zurück und erfahren Sie, warum Sie jetzt unbedingt mit einem Fachanwalt für Erb- und Familienrecht über Ihre rechtliche Lage sprechen sollten.

Reden statt surfen

Führen Sie ein Gespräch mit einem Fachanwalt für Familien- und Erbrecht. Diese Fachkombination stellt sicher, dass ein Experte Ihnen Ihre rechtliche Situation genau darlegen kann und zwar (a) in Bezug auf Familienangehörige, aber im Fall der Fälle auch (b) mit Blick auf das deutsche Erbrecht im Zusammenhang mit familienfremden Personen, die für sich reklamieren, beim Auflösen Ihres Elternhauses mitzureden oder am Verkaufserlös beteiligt zu werden.

Dieser Anwalt ist auch dann der richtige Ansprechpartner, wenn, wie es im Juristendeutsch heißt, «der Erbfall noch nicht eingetreten ist». Das meint den Fall, dass Ihre Eltern noch leben, aber nicht mehr selbst handeln können, und Ihnen keine Vollmachten vorliegen, um alle notwendigen Aktivitäten an ihrer Stelle auszuführen. Er kann Sie auch dann dazu beraten, wer was (nicht) darf, wenn Sie, ggf. zusammen mit Ihren Bedeutsamen Anderen, noch nicht abschließend entschieden haben, was mit dem Haus oder der Wohnung passieren soll.

Knapp zweihundert Euro für Ihren Überblick

Eine Erstberatung bei einem Rechtsanwalt kostet Sie 190 Euro. Dieser Betrag ist in § 34 RVG, dem Rechtsanwaltsvergütungsgesetz, festgelegt. Bitte springen Sie jetzt nicht gleich zum nächsten Abschnitt, weil diese Summe für Sie utopisch hoch ist. Wir klären gleich, wie Sie an dieser Stelle vielleicht doch noch weiterkommen.

Bei Bedarf dürfen weitere Gespräche gemäß RVG höchstens jeweils 250 Euro kosten, solange Sie – so nennt es das Gesetz – «Verbraucher» sind, wenn Sie also eine solche Beratung weder im Zusammenhang mit einer gewerblichen Tätigkeit noch mit einer beruflichen Selbstständigkeit in Anspruch nehmen.

Das dürfte beim Thema Elternhaus-Auflösen in der Regel zutreffen – es sei denn, Ihre Eltern haben mehrere Wohnungen bzw. Häuser besessen und deshalb eine Verwaltungs-GmbH oder GmbH & Co. KG gegründet. In diesem Falle gelten für den Haus- oder Wohnungsverkauf generell andere Spielregeln. Diese müssen Sie ebenfalls unbedingt kennen – und im Zuge dessen wahrscheinlich auch höhere Beratungskosten in Kauf nehmen.

Lassen Sie sich nicht entmutigen

Falls die gerade erwähnten Honorare ein Problem für Sie darstellen, sollten Sie nicht resignieren. Starten Sie vielmehr damit, eine Lösung zu suchen. Besonders wenn Sie – z. B. als alleinerziehende Mutter – sowieso schon «kaum über die Runden» kommen, kann Ihnen dieses Gespräch vielen weiteren, vor allem auch finanziellen Aufwand ersparen. Es gibt mehr Möglichkeiten, die Bezahlung zu regeln, als Sie vielleicht denken. Schämen Sie sich nicht – vielen Menschen geht es wie Ihnen. Sorgen Sie für sich.

- Kennen Sie Menschen in Ihrem Bekannten- und Freundeskreis, die schon einmal zu diesem Thema mit Experten gesprochen haben? Bitten Sie um die Kontaktdaten und schauen Sie sich deren Website an. Wenn Sie angenehm finden, was Sie sehen, rufen Sie an oder schreiben Sie eine E-Mail. Beziehen Sie sich auf Ihre Bekannten und berichten Sie, um was es geht und dass Sie um Ratenzahlung bitten. Eine generelle Anleitung, wie Sie den Kontakt zu einem Anwalt herstellen können, finden Sie weiter unten.
- Sind Sie oder Ihre Freundinnen Mitglied in einem der Verbände für Mütter und / oder Väter? Machen Sie sich dort selbst schlau oder bitten Sie eine Freundin, die dort Mitglied ist, das zu tun. Viele Verbände haben Rechtsberater oder fest angestellte Anwälte. Überlegen Sie, einem solchen Verein beizutreten, um diese Kontakte nutzen zu können. In vielen Fällen ist bei einer Mitgliedschaft eine Rechtsberatung kostenlos.

- Fragen Sie ggf. bei anderen Vereinen nach Experten zum Thema Erbrecht, z. B. einem Mieterschutzbund. Klären Sie auch hier, ob eine Ratenzahlung möglich ist.
- Haben Sie eine Rechtsschutzversicherung, fragen Sie nach, ob diese die Kosten für ein solches Beratungsgespräch übernimmt. Das ist inzwischen immer häufiger der Fall. Seien Sie freundlich, aber hartnäckig. Ein Rechtsstreit mit Geschwistern usw. wird in den meisten Fällen teurer, durch ein solches Gespräch aber vielleicht von vornherein verhindert. Das haben inzwischen auch immer mehr Versicherungen verstanden.

Wichtig bei Ihrer Suche: Fragen Sie immer *nach den Kontakten* Ihres Gegenübers. Stellen Sie also Menschen bei Ihrer Suche grundsätzlich die Frage: «Fällt dir jemand ein, der einen Fachanwalt für Erb- und Familienrecht kennt?» Fragen Sie *nicht* danach, ob Ihr Gegenüber *selbst* jemanden kennt. Sagt er nein, sind Sie in einer Sackgasse gelandet. Mit der Frage nach anderen regen Sie Ihr Gegenüber an, darüber nachzudenken, wer aus seinem *Freundes- und Bekanntenkreis oder Netzwerk* hilfreich sein könnte. Er oder sie nennt Ihnen (hoffentlich) ein paar Namen und Kontaktdaten. Diese können Sie dann mit Bezug auf diese Person ansprechen.

Geben Sie also bei der Frage, wie Sie ein solches Gespräch bezahlen sollen, keinesfalls vorschnell auf. Sie werden im Fall der Fälle hinterher erleichtert über Ihre kluge Entscheidung sein, diese Investition getätigt zu haben. Und das fühlt sich in jedem Fall besser an als die verbitterte Empörung, wenn Sie aufgrund finanzieller Aspekte auf die Durchsetzung Ihres Rechts verzichten mussten und Ihre Bedeutsamen Anderen kalt lächelnd ihr eigenes Recht mit anwaltlicher Hilfe durchsetzen konnten.

Worauf Sie sich für dieses Gespräch grundsätzlich einstellen sollten

Der Experte wird sich Ihre Geschichte und die Ihrer Familie genau anhören. Aber aus seiner Sicht sind völlig andere Dinge entscheidend. Um Ihre Rechte und Pflichten präzise einschätzen zu können, wird er Ihnen z. B. Verständnisfragen über Ihre Verwandtschaftsgrade innerhalb Ihrer Familie sowie nach vorhandenen Vollmachten stellen. Diese Fragen werden Ihnen zunächst vielleicht banal oder am Thema vorbei erscheinen. Aber er lernt damit alle notwendigen Fakten für seine Einschätzung kennen und lenkt Ihren Blick damit ebenfalls darauf. Sie erfahren von ihm vor allem nüchterne Sachverhalte, die mehr oder weniger deutlich zu Ihren Gunsten ausfallen. Besprechen Sie mit ihm auch, wie es um die Vermögensverhältnisse Ihrer Eltern bestellt ist, was Sie darüber (nicht) wissen und ob es in Ihrem Falle kein Problem ist, das Erbe anzunehmen oder ob Sie es besser ausschlagen sollten. Sie lernen, wie Sie sich ggf. als Teil einer Erbengemeinschaft verhalten sollten oder was Sie als Alleinerbin tun müssen, um eventuelle Pflichtteilsansprüche zu bedienen. Sie erfahren, wie Sie einen berechtigten Anspruch durchsetzen können, welche Dokumente Sie für den Hausverkauf in Ihrem konkreten Fall tatsächlich bereithalten sollten und Ähnliches mehr.

Auch schlechte Nachrichten sind gute Nachrichten

Blicken Sie den Tatsachen ins Auge, auch wenn sie Ihnen nicht gefallen. Schlimmstenfalls erfahren Sie in diesem Gespräch, dass Sie entgegen Ihrer Annahme und im Widerspruch zu allen Absprachen mit Ihren Eltern gar nichts tun dürfen. Obwohl alles in Ihnen dagegen revoltiert, wissen Sie dann immerhin, woran Sie sind. In der Regel gibt es aber selbst in solchen Situationen noch «Grauzonen», also Wege und Möglichkeiten, die Ihren Handlungsspielraum erweitern können. Viele Anwälte sind in der Regel vorsichtig, aber auch kreativ und finden Möglichkeiten, von denen Sie und ich noch nicht einmal wissen, dass sie überhaupt existieren.

Sie und Ihre Bedeutsamen Anderen in diesem Schritt

Ideal wäre es, wenn Sie und Ihre Bedeutsamen Anderen ein solches Gespräch *gemeinsam* führen würden. Oft scheitert das jedoch an vorhandenem Misstrauen. Resignieren Sie nicht vorschnell. Geschwister oder Bedeutsame Andere, die im Vorfeld besonders deutlich auf ihr eigenes Recht pochen, versprechen sich von einem solchen Gespräch zumeist eine Bestätigung ihrer eigenen Meinung. Im Gespräch selbst lernen sie dann aber durchaus auch die eigenen Grenzen kennen. Oft halten sie sich anschließend mit Protesten oder destruktivem Verhalten deutlich zurück. In schwierigeren Fällen kann die sogenannte Erbmediation eine Option sein.

Erbmediation: Alle doch an einen Tisch?!

Bei einer Erbmediation erarbeiten alle Beteiligten gemeinsam mit einem Mediator sachliche und für alle akzeptable Lösungen, mit denen Konflikte aus der Welt geschafft werden: Wie könnte eine Lösung aussehen, wenn Ihr Bruder das Elternhaus verkaufen will, Sie es aber lieber vermieten möchten, weil Sie daran hängen? Hier hilft es, wenn Sie Ihr persönliches Ziel aus dem ersten Schritt klar vor Augen haben und nicht erst in einem solchen Gespräch darüber nachdenken müssen. Wie einigen Sie sich mit Ihrer Schwester, wenn diese den Familienschmuck beansprucht («Mama hat ihn *mir* versprochen!»), Sie selbst aber in jedem Fall mindestens ein Stück davon gern zur Erinnerung hätten?

Der Mediator unterstützt, dass Familienmitglieder oder ganze Familien an einem Tisch zusammenkommen, die bisher noch nicht einmal gleichzeitig im selben Raum sein wollten. Er und Sie klären miteinander, wer die Einladung hierzu ausspricht und an wen sie gehen sollte. Im gemeinsamen Gespräch selbst sorgt der Mediator für einen strukturierten Ablauf, der in der Regel allen Beteiligten Orientierung und Sicherheit vermittelt.

Wie lange eine Erbmediation dauert, hängt von den Bedürfnissen und der Kooperation der Familienmitglieder untereinander ab. Eine Übereinkunft, mit der alle leben können, kann in einer einzigen Sitzung gelingen, in anderen Fällen sind aber auch mehrere Termine nötig.

Mediatoren bringen unterschiedliche berufliche Erfahrungen mit. In der Regel handelt es sich um Juristen oder um Angehörige sozialer Berufe mit einer entsprechenden Zusatzausbildung. Weiter unten finden Sie Hinweise, wo Sie speziell ausgebildete Mediatoren finden können. Und wenn Sie eine Rechtsschutzversicherung haben, fragen Sie dort nach, ob sie die Kosten für eine Erbmediation übernimmt.

Ernst- oder Glücksfall? – Eigener (Ehe-)Partner und die der Geschwister

Nicht nur die, die unmittelbar betroffen sind, müssen sich verständigen. In der Regel reden auch die Partner der Betroffenen mit, mischen sich ungefragt ein oder werden von den Betroffenen mit hineingezogen. Der eigene Partner kann sich beim Auflösen des Elternhauses als unschätzbar wertvoller Ratgeber erweisen oder aber – für Sie überraschenderweise – auch in fast allen Punkten eine andere Meinung als Sie selbst vertreten.

Eine Lösung dieses Problems kann darin bestehen, dass sich die unmittelbar Betroffenen darauf verständigen, die Partner in keines der notwendigen Gespräche einzubinden. Das Thema allerdings innerhalb einer Beziehung komplett «außen vor» lassen zu wollen, ist meist unrealistisch. Kaum jemand hält eine solche Übereinkunft beim gemeinsamen Abendessen durch, wenn der

Partner interessiert nachfragt oder seine Kritik über eine gefundene Lösung kundtut.

Verständigungsbemühungen nur innerhalb des Geschwisterkreises zu unternehmen, kann die Chance auf Absprachen und Einigungen zwar grundsätzlich erhöhen – eine Erfolgsgarantie ist sie jedoch nicht. Häufig stehen Betroffene nach einem am Vorabend mühselig ausgehandelten Kompromiss am nächsten Morgen fassungslos vor der Tatsache, dass einer aus ihrem Kreis völlig überraschend seine Zustimmung wieder zurückzieht. Erst auf Drängen der Betroffenen stellt sich womöglich heraus, dass die Person nicht weiß, wie sie den Loyalitätskonflikt zwischen dem eigenen Partner einerseits und den Geschwistern andererseits bewältigen soll. Partner sitzen also fast immer mit am Tisch, auch wenn man sie nicht sehen kann.

Viele Diskussionen entstehen unnötigerweise nur deshalb, weil Beteiligte aus verletzten Gefühlen und schlechten Erinnerungen heraus Positionen beziehen, die sie unter keinen Umständen aufgeben wollen. Vernünftige Argumente und Angebote prallen an uralten Verletzungen oder reiner Antipathie ab. Einen interessanten Ansatz, wie Sie eigene *Interessen* vertreten können statt nur auf Ihrer *Position* zu beharren, liefert William Ury, einer der Begründer des Harvard-Konzepts (siehe Lesetipp hierzu am Ende dieses Kapitels).

Anleitung und Arbeitshilfen

Definieren Sie zuerst Ihr Ziel

- Drucken Sie *Arbeitshilfe 2.1 – Elternhaus-Ziel* aus oder arbeiten Sie mit der entsprechenden Seite am Ende dieses Kapitels.
- Formulieren Sie dort so präzise wie möglich,
  - was Sie *während* des Auflösens Ihres Elternhauses erreichen wollen;

- was *danach* passieren, also mit dem Haus / der Wohnung geschehen soll.
- Nehmen Sie Ihre Ziele mit in Ihr Gespräch mit dem Rechtsexperten. Sie werden schnell feststellen, ob Sie sie anpassen müssen oder (zunächst) weiterverfolgen können.

Bei Wohneigentum: Tragen Sie hausrelevante Dokumente zusammen

- Tragen Sie in Ihrem Elternhaus die oben beschriebenen hausrelevanten Dokumente zusammen, soweit sie für Sie zugänglich sind oder Sie sie bei Ihrer Suche dort auffinden.
  Bei Bedarf hilft Ihnen dabei *Arbeitshilfe 2.2 – Elternhaus-relevante Unterlagen.*

Bei Mietwohnung / gemietetem Haus: Schauen Sie in den Mietvertrag

- Falls Sie ihn noch nicht zur Hand haben: Suchen Sie zuallererst den gültigen Mietvertrag. Halten Sie außerdem Ausschau nach einem Übergabeprotokoll, das Ihre Eltern beim Einzug erhalten haben könnten. Dieses kann wichtige Informationen über den Zustand der Wohnung oder des Hauses bei Übernahme durch Ihre Eltern enthalten. Das wiederum kann z. B. Einfluss haben auf die Frage, was Sie ggf. an von Ihren Eltern vorgenommenen Einbauten tatsächlich wieder zurückbauen müssen.
- Die Kündigungsfrist für Mieter beträgt nach aktuell gültiger Rechtsprechung generell drei Monate, egal, was im alten Mietvertrag Ihrer Eltern steht. Lassen Sie den Mietvertrag ggf. auf ebenfalls durch neuere Rechtsprechung unwirksam gewordene Klauseln zu den Themen Schönheitsreparaturen, Renovierungspflichten oder Endrenovierung bei Auszug prüfen. Unwirksame Anforderungen müssen Sie nicht erfüllen. Stellen Sie sicher, dass Sie irgendwelchen (ungerechtfertigten) Forderungen des Vermieters qualifiziert und souverän begegnen können.

- Kündigen Sie den Mietvertrag erst, wenn Sie genau wissen, was Sie alles in den betreffenden Räumen tun müssen (diese Klarheit verschaffen Sie sich im dritten Schritt) und wenn Sie ungefähr abschätzen können, wie viel Zeit und welche Unterstützung Sie zum Auflösen brauchen (vierter Schritt). Alternativ entscheiden Sie, den Mietvertrag umgehend zu kündigen, um so schnell wie möglich die anfallenden Mietzahlungen beenden zu können. In diesem Fall muss Ihnen klar sein, dass Sie nur noch einen begrenzten Zeitraum von in der Regel drei Monaten haben, um das gemietete Haus bzw. die Mietwohnung leer zu räumen und an den Vermieter zurückzugeben. Können Sie absehen, dass Ihnen diese Frist nicht ausreicht, um alles zu erledigen, beißen Sie, wenn Ihnen das finanziell möglich ist, in den sauren Apfel und nehmen Sie ggf. einen oder mehrere Monate mit weiteren Mietzahlungen in Kauf.

  Wollen oder müssen Sie aber jetzt schon kündigen, machen Sie sich auf einen Endspurt beim Auflösen gefasst, bei dem Sie möglicherweise viele Helfer brauchen. Wie Sie diese finden, erfahren Sie im vierten Schritt.

Suchen Sie sich einen Fachanwalt – und bei Bedarf (auch) einen Experten für Erbmediation

- Begeben Sie sich auf die Suche nach einem Fachanwalt für Familien- und Erbrecht. Sie finden Experten in diesem Bereich beispielsweise auf folgenden Seiten (alphabetisch sortiert):
  - anwalt.de/fachanwalt/erbrecht.php
  - erbrecht.de/
  - fachanwalt.de/erbrecht/
  - fachanwaltsuche.de/fachanwalt/erbrecht.html
  - ndeex.de/fachanwaelte-fuer-erbrecht/
    (alle abgerufen am 06. 03. 2023).
  - Nordrhein-Westfalen hat im Jahr 2021 sogenannte kostenlose «Anwaltliche Beratungsstellen» bei den Amtsgerichten

Köln, Dortmund, Essen, Bonn, Mönchengladbach sowie beim Land- und Amtsgericht Duisburg eingerichtet. Dort können Menschen mit geringem Einkommen eine schnelle und kostenlose Rechtsberatung in Anspruch nehmen. Erkundigen Sie sich bei Bedarf für Ihr Bundesland, ob es dort ein ähnliches Projekt gibt, das Sie in Anspruch nehmen können (land.nrw/pressemitteilung/erfolgsmodell-der-kosten losen-anwaltlichen-beratungsstellen-bei-den-gerichten, Abruf 13.03.23).

- Juristen mit Mediationsausbildung sowie Mediatoren, z. B. mit psychologischer Ausbildung, finden Sie unter anderem bei der Bundes-Arbeitsgemeinschaft für Familien-Mediation (BAFM e. V.):
  - bafm-mediation.de/mediation/mediator-innensuche/ (Abruf 06.03.23)
  - In größeren Städten werden Sie in der Regel auch mit einer einfachen Stichwortsuche fündig («Erbmediation» in Kombination mit Ihrem Wohnort oder Ihrer Region).
- Schauen Sie sich sowohl bei Rechtsanwälten als auch Mediatorinnen auf den angezeigten Webseiten besonders die Lebensläufe der dort zu findenden Experten sowie deren Fotos an. Können Sie sich vorstellen, mit genau dem Menschen zu sprechen, der Sie da anschaut? Wenn nicht, suchen Sie weiter.
- Wählen Sie zwei bis drei potenzielle Ansprechpartner aus, die Ihrem Eindruck nach über Lebens- sowie längere Berufserfahrung verfügen und nehmen Sie telefonisch Kontakt auf. Bei diesem Thema spielt Erfahrung eine große Rolle.
- Nehmen Sie zum Gespräch mit einem Experten die gerade oben erwähnten Unterlagen mit. Sollten Ihnen Vollmachten vorliegen, sind diese für den Anwalt auf jeden Fall wichtig, weil er sie dann sofort auf rechtlich schwierige oder schlimmstenfalls unwirksame Formulierungen prüfen kann. Haben Sie einen Grundbuchauszug zur Hand, nehmen Sie ihn ebenfalls mit.

Auch wenn das nicht das Kerngebiet eines Erb- und Familienrechtlers ist, können Sie mit ihm besprechen, was hinsichtlich der Eigentumsverhältnisse vielleicht noch geklärt werden muss.

- Nutzen Sie *Arbeitshilfe 2.2 – Elternhaus-relevante Unterlagen*, um einen Überblick über noch fehlende Haus- / Wohnungs-Dokumente zu bekommen.
- Notieren Sie in *Arbeitshilfe 2.3 – Dokumente und Rechtliches* alles, was sich im Gespräch an Aufgaben für Sie ergibt.
  - Notieren Sie jedes einzelne To-do in einer separaten Zeile. Wenn Sie mehr als eine Seite für Ihre Notizen brauchen, nummerieren Sie jede Aufgabe in der linken Spalte der Liste. Beginnen Sie mit Nr. 1 auf der ersten Seite und nummerieren Sie dann alle Aufgaben über alle Seiten hinweg fortlaufend durch.
  - Markieren Sie auf jedem ausgefüllten Blatt das Kästchen unten rechts mit einem Kreuz als Zeichen dafür, dass noch weitere Seiten der Aktivitätenliste folgen. Auf der letzten Seite Ihrer Aktivitäten setzen Sie entsprechend kein Kreuz mehr.
  - Mit Hilfe der *fortlaufenden Nummerierung* erkennen Sie also beim Durchblättern, ob Ihnen zwischendrin eine Seite mit Aktivitäten fehlt. Mit Hilfe des *angekreuzten Kästchens* unten rechts auf der Seite erkennen Sie, ob Ihre Unterlagen bis zur letzten Seite hin vollständig sind.

Woran Sie außerdem denken sollten

Richten Sie bei Bedarf umgehend einen Nachsendeantrag ein, mit dem die an Ihre Eltern adressierte Post direkt an Sie umgeleitet wird. Wenn Ihr Elternhaus nicht «um die Ecke» steht und Sie jeden Tag nachschauen können, ist ein überquellender Briefkasten in einem offensichtlich nicht mehr bewohnten Haus eine Einladung an potenzielle Einbrecher.

Lassen Sie Verträge für Gas, Wasser, Strom sowie Telefon bzw. IT zunächst weiterlaufen. Dies gilt insbesondere, wenn Sie Ihr Elternhaus in der kalten Jahreszeit auflösen und verkaufen und Sie oder Ihr Recherche-Helfer (siehe vierter Schritt) auch vor Ort im Internet recherchieren wollen. In der Regel sind diese Verträge monatlich kündbar. Wollen Sie auf der sicheren Seite sein: Finden Sie heraus, welche Kündigungsfristen Sie bei diesen, von Ihren Eltern vielleicht vor langer Zeit abgeschlossenen Verträgen konkret berücksichtigen müssen. Denken Sie daran, dass auch zu diesen Themen in sehr alten Verträgen Regelungen zu Kündigungsfristen zu finden sein können, die durch neuere Rechtsprechung eventuell inzwischen unwirksam geworden sind; lassen Sie auch dies ggf. von einem Profi prüfen.

Widerstehen Sie der Versuchung, in diesem Schritt Vermisstes zu suchen oder Erinnerungsstücke zu bergen

Egal, was faktisch gerade an wirklich drängenden Aufgaben ansteht: Viele Söhne und Töchter verspüren zu Beginn des Elternhaus-Auflösens das dringende Bedürfnis, erst einmal die für sie wichtigsten Erinnerungsstücke zu sichern – ganz besonders dann, wenn sie befürchten, dass jemand sie ihnen quasi «vor der Nase wegschnappen» könnte. Bevor Sie hier Fakten schaffen, die das Verhältnis zu Ihren Bedeutsamen Anderen weiter verschlechtern oder Ihre rechtliche Lage schwächen könnten, besprechen Sie auch dieses Thema mit Ihrem Rechtsbeistand. Je nachdem, in welcher Lage Sie sich aus juristischer Sicht befinden, kann es schon problematisch sein, wenn Sie auch nur einen einzigen finanziell wertvollen Gegenstand oder aber emotional bedeutsame Dinge wie die Brille der Mutter oder das Lieblingsbuch des Vaters «nebenbei» mitnehmen. Andererseits gilt die Bemerkung von Gerhard Ruby, einem bekannten Erbrechtsanwalt: «Im Erbrecht geht es zu wie im wahren Leben: Wer nachts eine Tankstelle überfällt und nicht erwischt wird, der kann das Geld behalten.» (zit.

nach Gronwald und Siegert, S. 75, siehe Literatur-Empfehlungen am Ende dieses Kapitels.) Heißt in Ihrem Fall: Wenn Sie Brille, Lieblingsbuch oder auch ein wertvolles Gemälde bei einem Ihrer Aufenthalte im Elternhaus «mitgehen lassen», später behaupten, Sie hätten keine Ahnung, wo die Dinge sich befinden, und Ihre Bedeutsamen Anderen irgendwann die Suche danach resigniert einstellen, haben Sie diese Erinnerungsstücke für sich geborgen und können sie behalten. Die Entscheidung, ob Sie ein solches Verhalten für sich selbst gutheißen und verantworten können, müssen Sie allein fällen. Stellen Sie sich einfach vor, jemand würde auf diese Art und Weise mit *Ihnen* umgehen – würden Sie sich gut behandelt fühlen? Wie würden Sie reagieren?

Bei vielen Geschwisterkonstellationen gibt es allerdings genau solche Verhaltensweisen. Schauen Sie also noch einmal auf Ihr Ziel, das Sie soeben formuliert haben. Wollen Sie mit solchen Methoden Ihren eigenen Anspruch sicherstellen, egal, welche rechtlichen Konsequenzen und moralischen Bedenken dieses Verhalten für Sie mit sich bringen kann? Sollte Ihr Rechtsbeistand irgendwann herausfinden, dass Sie mit «unlauteren Methoden» arbeiten, legt er vielleicht spontan sein Mandat nieder und wird Sie nicht weiter unterstützen. Sie sollten sich überlegen, welches Bild Sie bei diesem Thema anderen und sich selbst gegenüber auf Dauer abgeben wollen.

Ganz anders verhält es sich, wenn Sie Alleinerbin sind und ohne Dritte handeln können. Dann können Sie jederzeit bei einem Rundgang in aller Ruhe genau die Dinge aus dem Haus oder der Wohnung entfernen, die Sie «schon immer» als Erinnerungsstücke haben wollten oder spontan als solche identifizieren. Hüten Sie sich aber in diesem Moment unbedingt davor, mit dem generellen Sortieren und Räumen zu beginnen. Sie bringen sich damit nur in unnötige Schwierigkeiten, weil Sie ein paar zuvor wichtige Aktivitäten auslassen würden, um die es in den nächsten beiden Schritten geht.

Literatur-Empfehlungen

Energieausweis

verbraucherzentrale.de/wissen/energie/energetische-sanierung/fuer-wen-ein-energieausweis-zur-immobilie-pflicht-ist-24054, Abruf 06.03.23

verbraucherzentrale.de/wissen/energie/energetische-sanierung/so-kommen-sie-an-einen-energieausweis-fuer-ihre-immobi lie-24058, Abruf 06.03.23

Erben

Backhaus, Beate (13. Auflage 2022): Vererben und Erben. Berlin.

Belser, Karl-Heinz (2. Aufl. 2018): Erben und Vererben für Dummies. Weinheim.

Fricke, Weddig; Märker, Klaus; Otto, Christian (2020): Erbrecht von A bis Z – Eine Darstellung *ohne* Juristendeutsch. München / Freiburg.

Gronwald, Silke; Siegert, Almut (2021): Achtsam (Ver-)Erben. Hamburg. Darin u. a. Interview mit Dorothée Linden zum Thema Erbmediation (S. 135–149) und mit Gerhard Ruby zum Thema Testament und Erbrecht (S. 71–85).

Schulze, Eike; Stein, Anette und Tietgen, Andreas (2019): Haushaltsauflösung leicht gemacht (hier besonders Kap. 5: Wer darf was? Haushaltsauflösung rechtlich gesehen). Mannheim.

van Rens, Solange (2019): Der digitale Nachlass oder: Wie stirbt man digital? Nürnberg.

https://podcast.de/podcasts/erbrecht (Abruf 06.03.23).

Mediation

bafm-mediation.de – Bundes-Arbeitsgemeinschaft für Familien-Mediation e. V.

Freitag, Silke; Richter, Jens (2. Aufl. 2019): Mediation – das Praxisbuch: Denkmodelle, Methoden und Beispiele. Weinheim.

Köstler, Anja (2019): Mediation. München.
Montada, Leo; Kals, Elisabeth (2013): Mediation – Psychologische Grundlagen und Perspektiven. Weinheim.
Proksch, Stephan (2018): Mediation: Die Kunst der professionellen Konfliktlösung. Wiesbaden.
TV-Beitrag zum Thema Erbmediation:
zdf.de/gesellschaft/volle-kanne/volle-kanne---mit-amelie-fried-vom-25-august-2021-100.html (Beitrag ab Minute 3:16, Abruf 06.03.23)

Rechtliche Erstberatung nach § 34 RVG

dejure.org/gesetze/RVG
juraforum.de/gesetze/rvg/34-beratung-gutachten-und-mediation
https://wirtschaftslexikon.gabler.de/definition/verbraucher-48667 (alle Abruf 06.03.23)

Todesfall

Bretzinger, Otto (2022): Was tun beim Todesfall? Schnelle Hilfe beim Tod eines Angehörigen. Mannheim.
Stiftung Warentest (Hg., 2. Aufl. 2021): Schnelle Hilfe im Trauerfall. Berlin.

Umzug ins Pflegeheim

pflege-durch-angehoerige.de/pdf/checkliste_umzug_ins_pflegeheim_pda.pdf (Abruf 21.04.2023)

Verhandeln mit Bedeutsamen Anderen

Ury, William (2016): Wissen was ich will und erfolgreich verhandeln. München.
Das Buch vermittelt einen «Einstieg ins Harvard-Konzept», ist also inhaltlich nicht identisch mit dem Klassiker «Das Harvard Konzept» von Roger Fisher, William Ury und Bruce Patton.

Vorsorge

Baczko, Michael; Trilsch, Constanze (7. Aufl. 2020): Die Vorsorge-Mappe – Testamente, Vollmachten, Verfügungen. Freiburg i. Br.

Berg-Peer, Janine (2020): Wer früher plant, ist nicht gleich tot. Meine Vorbereitung auf ein entspanntes Leben im Alter. München.

Magnusson, Margareta (2018): Frau Magnussons Kunst, die letzten Dinge des Lebens zu ordnen. A. d. Englischen von Rita Reuß. Frankfurt / M.

Stiftung Warentest (Hg., 4. Aufl. 2021): Das Nachlass-Set. Testament, Vermögensübersicht, Digitaler Nachlass, Bestattungsverfügung. Berlin.

Stiftung Warentest (Hg., 6. Auflage 2022): Das Vorsorge-Set. Patientenverfügung, Testament, Betreuungsverfügung, Vorsorgevollmacht. Berlin.

Arbeitshilfe 2.1

Elternhaus-Ziel

«Danach – Ziel»
Ich möchte, dass mein Elternhaus …

«Während – Ziel»
Während ich mein Elternhaus auflöse, ist mir wichtig, dass ich …

(Auf der nächsten Seite finden Sie ein Beispiel)

Arbeitshilfe 2.1

Elternhaus-Ziel – *Beispiel*

«Danach – Ziel»

Ich möchte, dass mein Elternhaus …

… durch einen Makler verkauft wird.

… spätestens am [Datum] für mindestens [Summe] Euro verkauft ist und keines meiner Geschwister vorher «querschießt» und etwas anderes will.

… in Zukunft von einer Familie mit mindestens drei Kindern bewohnt wird.

«Während – Ziel»

Während ich mein Elternhaus auflöse, ist mir wichtig, dass ich …

… mich von [Name Geschwister] nicht drängen lasse, vorschnell Entscheidungen zu fällen, die ich gar nicht will.

… nur maximal fünf Dinge auswähle, die ich mit zu mir nach Hause nehme.

… nicht ständig darüber nachdenke, was Mama und Papa wohl zu meinen Entscheidungen sagen würden.

Arbeitshilfe 2.2

Elternhaus-relevante Unterlagen

Dokumente (A – Z)	vor-handen	be-sorgen	unklar
Baugenehmigung			
Baupläne			
Energieausweis			
Grundbuchauszug			
Grundrisse			
Grundsteuer- und Grundbesitzabgabenbescheid (Müllabfuhr, Straßenreinigung, Abwasser usw.)			
Haftpflicht-Versicherungsschein			
Lageplan des Katasteramts			
Nebenkostenübersicht (u. a. Energie-, Wasser- und Instandhaltungskosten usw.)			
Schnitte			
Umbau-, Sanierungs- oder Renovierungsunterlagen			
Weitere Versicherungen			
Wertermittlung			
Wohnflächenberechnung			
Wohngebäude-Versicherungs-schein			

Arbeitshilfe 2.3

Dokumente und Rechtliches

Nr.	Stichwort	Was ist zu tun?	Erledigt ?
0	Beispiel: Erbschein	Mit allen Geschwistern entscheiden: Gemeinschafts- oder Teilerbscheine? Geht nur einheitlich. Alle anrufen und fragen!	
Weitere Seite für Dokumente und Rechtliches? *(Setzen Sie rechts ein Kreuzchen, wenn Sie ein weiteres Blatt für Dokumente und Rechtliches anlegen)*			

Aktivitäten hier von 1 an nummerieren, die nächste Seite beginnt dann mit 5, eine weitere ggf. mit 9 usw.

Dritter Schritt
Übersicht statt böser Ahnung – Sortieren Sie, was zu tun ist

In diesem Schritt verschaffen Sie sich einen detaillierten Überblick darüber, was in Ihrem Elternhaus bzw. in der Wohnung Ihrer Eltern konkret zu tun ist, und packen Ihre Grundausstattung zusammen. Was das ist und wie Sie es schaffen, einen geordneten Überblick zu bekommen, erfahren Sie im Folgenden.

Das beschäftigt Töchter und Söhne gerade

Wieder ein Tag, an dem es immer mehr wird. Ständig fällt Ihnen noch etwas ein, das Sie in Ihrem Elternhaus erledigen müssen. Seit Tagen wollen Sie das endlich alles mal aufschreiben. Aber immer wieder legen Sie widerwillig und kraftlos den Stift zur Seite – morgen ist auch noch ein Tag.

Demnächst müssen Sie aber endlich loslegen. Nur: womit? Was brauchen Sie? Handschuhe, Mülltüten, Kartons, klar – aber außerdem? Und immer wieder diese Frage: Was kommt da alles auf mich zu? Und: Wie soll ich das bloß schaffen? Am liebsten hätten Sie mit all dem nichts zu tun.

Im dritten Schritt der Heldenreise geht es um Verweigerung und darum, wie der Held sie in den Griff bekommt. Dem Widerwillen nachzugeben und sich wegzuducken würde alles nur noch schlimmer machen. Da hilft nur eins: herausfinden, worum es wirklich geht. Und sich darauf vorbereiten, anzufangen.

Verschaffen Sie sich Überblick und Handwerkszeug

Hier im dritten Schritt erstellen Sie eine detaillierte Aktivitätenliste. Eine Vorlage (*Arbeitshilfe 3.1 – Aktivitätenliste*) und ein Beispiel dafür, wie diese Liste ausgefüllt aussehen kann, finden Sie weiter unten im Abschnitt «Anleitung und Arbeitshilfen». Außerdem kümmern Sie sich bei Bedarf unbedingt um alle noch fehlenden Dokumente (siehe zweiter Schritt).

Ihr Unwillen, sich alldem zu stellen, wird dadurch nicht von jetzt auf gleich verschwinden. Aber das kann sich ändern – jedoch erst, wenn Sie genau wissen, was auf Sie zukommt.

Die Aktivitätenliste führt Ihnen klar vor Augen, was Ihnen Ihre Eltern insgesamt an Arbeit hinterlassen haben. Und Sie werden feststellen, das Ihnen beim Notieren einer Aktivität häufig noch zwei neue auffallen, die Sie ebenfalls erledigen müssen. Lassen Sie sich davon nicht beirren.

Während Sie die Aktivitätenliste erstellen, werden viele Verlassenschaften jede Menge Erinnerungen und Gefühle in Ihnen auslösen: Eigentlich wollen Sie im Wohnzimmer nur notieren, dass Sie alle Tischdecken wie besprochen Ihrer Freundin schenken. Aber beim Blick auf den Stapel fällt Ihnen in einer der Decken ein kleines Brandloch auf – und schon läuft in Ihnen der Film «Vatis 50. Geburtstag» ab. Sie erinnern sich an jede Kleinigkeit, die zu diesem Brandloch geführt hat. Sie «hören» die angeregten Gespräche der Gäste, so, als ob Sie mitten in der Gästeschar von damals stehen.

Sie brauchen einen Moment, um sich von dieser Erinnerung zu befreien und sich wieder auf Ihre Aktivitätenliste zu konzentrieren. Aber auch danach werden Sie wieder und wieder abgelenkt. Das Notieren all dessen, was zu tun ist, ist zügig erledigt. Aber die meiste Zeit verbringen Sie damit, gedankenverloren vor den Dingen zu stehen und sich zu erinnern.

Planen Sie also genug Zeit ein, um Ihre Aktivitätenliste zu erstellen. Falls Sie irgendwann anfangen, sich über Ihre vermeintliche «Unkonzentriertheit» zu ärgern, erinnern Sie sich an Ihr Ziel (*Arbeitshilfe 1.2 – Elternhaus-Ziel*). Der Blick darauf wird Ihnen helfen, sich wieder zu fokussieren.

Wie Sie beim Ausfüllen der Liste am besten vorgehen, erfahren Sie unten im Abschnitt «Anleitung und Arbeitshilfen». Im fünften Schritt werden Sie die Aktivitätenliste nutzen, um die Aufgaben zu finden, mit denen Sie in Ihrem Elternhaus starten könnten. Wie das genau funktioniert, erfahren Sie dort. Versuchen Sie also nicht, Ihre gerade erst erstellte Liste jetzt schon irgendwie zu kürzen, indem Sie Punkte streichen oder mit anderen zusammenlegen. Sie werden in der zweiten und dritten Phase, in denen es um das Wertschätzen und Loslassen geht, sehr schnell eine für Sie gut handhabbare Routine im Umgang mit dieser Liste entwickeln. Akzeptieren Sie in diesem Moment zunächst, dass Ihre Liste so lang ist, wie sie eben ist.

Wenn Sie mit Ihrer Aktivitätenliste fertig sind, haben Sie ganz nebenbei auch die Voraussetzung dafür geschaffen, Ihre Grundausstattung für das Sortieren und Räumen zusammenzustellen. Fragen Sie sich, was Sie an Werkzeug und anderen Dingen brauchen, um diese Aktivitäten erledigen zu können, und stellen Sie alles Notwendige zusammen. Hierzu gehören z. B. Müllsäcke, Arbeitshandschuhe oder Paketband, aber auch Kisten in unterschiedlichen Größen oder ein flexibel handhabbarer Arbeitstisch. *Arbeitshilfe 3.2 – Grundausstattung* hilft Ihnen dabei, hier nicht bei «null» anfangen zu müssen. Ergänzen Sie, was Ihnen über die dort genannten Dinge hinaus noch einfällt.

Anleitung und Arbeitshilfen

Vorab zu Hause

- Erstellen Sie bei Bedarf eine ausreichende Anzahl Kopien der *Arbeitshilfe 3.1 – Aktivitätenliste*. Sie finden sie am Ende dieses Schrittes. In einzelnen Räumen Ihres Elternhauses werden Sie voraussichtlich mehrere Exemplare brauchen, wenn dort eine große Menge sehr unterschiedlicher Aufgaben auf Sie wartet.
- Fertigen Sie sich außerdem Kopien oder Ausdrucke von *Arbeitshilfe 3.2 – Grundausstattung* an und legen Sie diese hinter die Aktivitätenliste.
- Richten Sie sich darauf ein, dass das Erstellen der Liste, auch ohne jede Ablenkung durch Erinnerungen und Emotionen, einen ganzen Tag kosten kann. Das ist abhängig von der Größe Ihres Elternhauses bzw. der Wohnung Ihrer Eltern und der Anzahl der darin vorhandenen Gegenstände. Wenn Sie ein Elternhaus mit z. B. einhundert Quadratmetern Wohnfläche leer räumen müssen, können gut und gerne zunächst einmal fünfzehn bis zwanzig oder auch mehr Exemplare der Aktivitätenliste nötig sein, um alles zu erfassen, was Sie tun müssen.
- Bevor Sie Ihre Aktivitätenliste und Ihre Grundausstattung in Angriff nehmen, werfen Sie zuerst einen Blick auf die *Arbeitshilfe 2.2 – Rechtliches und Dokumente* aus dem zweiten Schritt.

Bei Bedarf: Zunächst Dokumente sichern

- Wenn Sie feststellen, dass Ihnen noch Dokumente fehlen und diese noch in Ihrem Elternhaus sein könnten, hat die Suche danach Vorrang vor allem anderen. Erledigen Sie das Thema Dokumente umgehend, auch wenn Sie deshalb das Erstellen der Aktivitätenliste vertagen müssen.
- Falls Sie es noch nicht getan haben, bereiten Sie spätestens jetzt bei sich zu Hause einen Ort vor, an dem Sie die mitgebrachten

Dokumente zwischenlagern oder auf Dauer aufbewahren können.

- Nehmen Sie dann einen Rollkoffer oder stabile Kartons in Ihr Elternhaus mit.
- Packen Sie dort nur solche Dokumente in den Koffer bzw. die Kisten, die Sie derzeit wirklich brauchen und umgehend bearbeiten müssen. Lassen Sie uralte, offensichtlich beendete Vorgänge zunächst im Haus. Wenn Sie unsicher sind, nehmen Sie sie mit. Aber Vorsicht: Das kann je nachdem, was sich im Laufe der Zeit dort an Dokumenten angesammelt hat, schnell zu einem halben Umzug ausarten.
- Falls Sie nicht wissen, wo Ihre Eltern ihre Dokumente aufbewahrt haben, oder es keinen zentralen Ort dafür gab, suchen Sie vor Ort systematisch Raum für Raum ab. Fangen Sie bei dem Raum an, von dem Sie wissen, dass Sie dort schon Unterlagen gefunden haben. Vielleicht haben Sie die fehlenden Papiere dort beim letzten Mal einfach nur übersehen.
- Überprüfen Sie bei Bedarf auch alle anderen Räume, also Werkstatt, Waschküche, Vorrats- und Abstellraum oder Gäste-WC, selbst wenn es Ihnen absurd erscheint, dass Sie dort etwas finden könnten. Auch Schallplattenhüllen, Zeitschriften- oder Buchseiten, Werkzeugschränke sowie sogenannte Tresorbücher können als Aufbewahrungsorte gedient haben.
- Konzentrieren Sie sich nur auf die fehlenden Dokumente, auf nichts anderes. Sagen Sie das ruhig immer wieder halblaut vor sich hin – es hört Sie ja keiner: «Ich suche nur Dokumente. Am Ende habe ich sie alle gefunden.»
- Verpacken Sie Ihre Funde für den Transport zu Ihnen nach Hause.
- Haben Sie noch Zeit übrig, starten bzw. fahren Sie anschließend damit fort, Ihre Aktivitätenliste zu erstellen.
- Verspüren Sie Unbehagen bei dem Gedanken, all das in Ihrem Elternhaus allein bewältigen zu müssen, bitten Sie jemanden

um Hilfe. Überprüfen Sie anhand der folgenden Hinweise, ob er oder sie Ihnen eine wirkliche Hilfe sein wird.

Ihr Helfer bzw. Ihre Helferin sollte

- sich in Ihrem Elternhaus mit Respekt bewegen;
- Ihre Eltern idealerweise nicht gekannt haben, damit seine sonst vielleicht vorhandene eigene Betroffenheit Sie nicht ablenkt;
- zu diesem Zeitpunkt kein eigenes Interesse daran haben, irgendetwas aus Ihrem Elternhaus selbst zu besitzen;
- idealerweise schnell und leserlich schreiben;
- interessiert zuhören, wenn Sie ihm angesichts der Dinge in Ihrem Elternhaus hier und da von «früher» erzählen;
- Sie vielleicht auch in den Arm nehmen, falls Ihnen die Tränen kommen;
- in der Lage sein, Ihre Aufmerksamkeit freundlich, aber bestimmt, immer wieder zurück auf das Ausfüllen der Aktivitätenliste zu lenken, bis Sie auch den letzten Raum geschafft haben.

Wenn Sie die ausgewählte Person um Hilfe bitten, erzählen Sie ihr, warum Sie gerade auf sie gekommen sind. Die meisten Menschen helfen gern, wenn sie erfahren, welche persönlichen Eigenschaften und Kompetenzen man ihnen zuschreibt und wie hilfreich diese sind.

Vorab vor Ort: Aufnehmen, was Sie tun müssen

- Können Sie die Aktivitätenliste – aus welchen Gründen auch immer – im Moment nicht vor Ort in Ihrem Elternhaus erstellen, schreiben Sie aus der Erinnerung heraus Raum für Raum auf, was Ihnen an Aktivitäten einfällt. Ergänzen Sie sie später bei Bedarf vor Ort, wenn möglich.
- Beginnen Sie ansonsten vor Ort mit dem Ausfüllen der Aktivitätenliste. Starten Sie hierfür in einem Raum, der nicht vor für Sie emotional problematischen Dingen überquillt. Das kann

z. B. ein selten benutztes Zimmer oder auch ein Gäste-WC sein.

- Beginnen Sie in jedem Raum ein neues Blatt und vermerken Sie den Raum, um den es gerade geht, immer oben auf jedem einzelnen Blatt.
- Ignorieren Sie beim Notieren der notwendigen Aktivitäten die drei rechten Spalten «Mit wem?» – «Erledigt?» – «Auch in anderen Räumen?». Diese brauchen Sie erst später.
- Schauen Sie sich in jedem einzelnen Raum Ihres Elternhauses genau um. Notieren Sie alles, was Ihnen dort an notwendigen Aufgaben einfällt.
- Jede Aktivität bekommt eine eigene Zeile in der Aktivitätenliste. Schreiben Sie die Aktivitäten kleinteilig auf. Beispiel: «Kleinkram beseitigen» kann alle möglichen Einzelaktivitäten beinhalten, die völlig unterschiedliche Handgriffe nach sich ziehen. Besser wären in diesem Fall eine Aufteilung in mehrere Einzelaktivitäten, z. B. Schreibutensilien zusammensammeln, Müll entsorgen, Feuerzeuge in Küche bringen usw. Für große oder sehr volle Räume ergibt sich so vielleicht eine mehrere Seiten lange Aktivitätenliste. Keine Sorge, das ist völlig in Ordnung.
- Um sicherzustellen, dass Sie auf keinen Fall Seiten Ihrer Aktivitätenliste unbemerkt verlieren, ergänzen Sie auch hier noch zwei Dinge. Sie kennen sie schon aus der Anleitung zur Arbeitshilfe 2.3. Damit Sie nicht zurückblättern müssen, finden Sie sie hier noch einmal:
  - Nummerieren Sie jede Aufgabe in der linken Spalte der Liste. Beginnen Sie mit Nr. 1 auf der ersten Seite und nummerieren Sie dann alle Aufgaben auf allen Seiten über alle Räume hinweg fortlaufend durch.
  - Markieren Sie auf jedem ausgefüllten Blatt das Kästchen unten rechts mit einem Kreuz als Zeichen dafür, dass noch weitere Seiten der Aktivitätenliste folgen. Auf der letzten

Seite Ihrer Aktivitäten setzen Sie entsprechend kein Kreuz mehr.

- Mit Hilfe der *fortlaufenden Nummerierung* erkennen Sie also beim Durchblättern, ob Ihnen zwischendrin eine Seite mit Aktivitäten fehlt. Mit Hilfe des *angekreuzten Kästchens* unten rechts auf der Seite erkennen Sie, ob Ihre Unterlagen bis zur letzten Seite hin vollständig sind, da auf der letzten ausgefüllten Seite das Kreuz fehlt.

Zurück in Ihrer eigenen Wohnung: Grundausstattung zusammenstellen

- Packen Sie eine große Tasche oder Kiste mit allem, was Sie immer wieder brauchen werden. In *Arbeitshilfe 3.2 – Grundausstattung* am Ende dieses Kapitel finden Sie alles, was Sie immer dabeihaben sollten.
- Verwenden Sie für diese Utensilien und Werkzeuge eine verschließbare, robuste Kiste oder Tasche, die Sie durchgängig bis zum Ende dafür nutzen und nicht für andere Zwecke benötigen.
- Packen Sie Tasche oder Kiste bereits ein paar Tage, bevor Sie mit dem Sortieren und Räumen in Ihrem Elternhaus beginnen. Falls Sie etwas vergessen, können Sie das noch rechtzeitig vorher ergänzen. Sie müssen dann die Arbeit in Ihrem Elternhaus nicht schon nach wenigen Momenten wieder unterbrechen, weil Ihnen etwas Wichtiges fehlt.
- Haken Sie in der Arbeitshilfe ab, was Sie eingepackt haben, und besorgen Sie, was fehlt.
- Selbst wenn einige dieser Dinge in Ihrem Elternhaus vorhanden sind, verlassen Sie sich nicht darauf, dass sie noch einsatzfähig sind. Sorgen Sie für Ihre eigene Grundausstattung. Noch nutzbare Utensilien aus Ihrem Elternhaus können Sie später immer noch einsetzen bzw. verbrauchen.

Sie und Ihre Bedeutsamen Anderen in diesem Schritt

Geben Sie Ihren Bedeutsamen Anderen bei Bedarf freundlich und klar zu verstehen, wie wichtig dieser Schritt *für Sie alle* ist. Häufig winken Menschen beim Thema Übersicht und Struktur nur deshalb ab, weil sie keine Ahnung haben, wie sie sie selbst herstellen können.

Wenn Ihr Verhältnis zueinander nicht besonders gut ist, werten Ihre Bedeutsamen Anderen Ihre gründliche Vorbereitung womöglich als Versuch, sich einen Wissensvorsprung zuzulegen oder sie zu übervorteilen. Um dem entgegenzuwirken, können Sie sie explizit einladen, diesen Schritt gemeinsam zu machen, oder Sie bitten darum, Ihnen einen Vertrauensvorschuss zu geben.

Diese Bitte mag weit hergeholt scheinen, wenn Sie sich untereinander nicht verstehen. Versuchen Sie es trotzdem. Möglicherweise sind diese Menschen Ihnen sogar im Stillen dafür dankbar und geben ihre Anti-Haltung nach und nach auf.

In manchen Geschwisterbeziehungen oder Erbengemeinschaften ist allerdings schon die Frage problematisch, wer wann das Haus betritt. Machen Sie hier ggf. deutlich, dass Sie nicht vorhaben, vorab Fakten zu schaffen, indem Sie z. B. Dinge ohne Rücksprache mitnehmen. Sie können dadurch natürlich nicht verhindern, dass Ihre Bedeutsamen Anderen so vorgehen. Aber Sie können ihnen immerhin deutlich zu verstehen geben, dass Sie um das Thema wissen und solcherlei Vorhaben durchschauen.

Wird Ihnen der Aufenthalt in Ihrem Elternhaus verwehrt, bleiben Ihnen drei Optionen:

- Lernen Sie die Tatsache zu akzeptieren, dass Sie hier nicht weiterkommen werden;
- Suchen Sie bewusst immer wieder das Gespräch, um deutlich zu machen, dass es Ihnen um Kooperation statt um Konfrontation geht; und / oder

- Lassen Sie sich von einem Rechtsbeistand zu Ihrem Recht verhelfen.

Eventuell ändert auch hier die bereits im zweiten Schritt erwähnte Erbmediation etwas zum Besseren.

Arbeitshilfe 3.1

Aktivitätenliste

Raum:

Nr.	Aktivität	Mit wem?	Erledigt?	Auch in anderen Räumen?
Weitere Seite für Aktivitätenliste? *(Setzen Sie rechts ein Kreuzchen, wenn Sie ein weiteres Blatt für Ihre Aktivitätenliste anlegen)*				

Arbeitshilfe 3.1

Aktivitätenliste – *Beispiel*

Raum: *Gästezimmer*

Nr.	Aktivität	Mit wem?	Erledigt?	Auch in anderen Räumen?
1	*Familienfotos von den Wänden nehmen, in Kiste verpacken*			
2	*Andere Wandbilder an die Seite stellen*			
3	*Puppensammlung in Kisten packen und beschriften*			
4	*Betten abziehen, Bettwäsche in Altkleidersack*			
5	*Nachttischlampe in Keller bringen zu anderen Leuchten*			
6	*Matratze entsorgen*			
7	*Nachttisch leer räumen*			
8	*Nachttisch stehen lassen, ist kaputt → Entrümpler*			

Weitere Seite für Aktivitätenliste? *(Setzen Sie rechts ein Kreuzchen, wenn Sie ein weiteres Blatt für Ihre Aktivitätenliste anlegen)*	X

Die nächste Seite dieser Arbeitshilfe beginnt dann mit Aktivität Nr. 9, usw.

Arbeitshilfe 3.2

Grundausstattung 1/2: *allgemein*

Artikel	eingepackt ?
3-teiliger Leichtmetall-Multifunktionstisch aus dem Baumarkt, alternativ: herkömmlicher Tapeziertisch	
20 Umzugs- und/oder Aktenkartons	
Mehrere Kunststoffkisten in unterschiedlicher Größe, neu oder gebraucht, mit und ohne Deckel	
1 große stabile Tasche oder Kunststoffkiste zum Transport der folgenden Dinge:	
1 DIN-A4-Klemmbrett alternativ: Ordner für sämtliche Arbeitshilfen, außerdem	
1 DIN-A4-Schreibblock für weitere Notizen	
Mindestens 2 Rollen «Schwerlast»-Müllsäcke, besonders reißfest, 120 Liter	
1 Pack Einmalhandschuhe in Ihrer Größe	
1 Paar stabile Handwerkerhandschuhe in Ihrer Größe	
1 Rolle braunes Paketband	
1 Paketband- und Klebeband-Abroller	
2 Permanent-Marker	
Flüssigseife (1 Spender pro Bad)	
Lippenbalsam, Gesichts- und Handcreme	
Pro Person mind. 2 Flaschen Wasser (je 1,5 Liter)	
Mittagssnack / andere Verpflegung nach Wahl sowie «Nervennahrung» (Lieblingssüßigkeit, -snack o.ä.)	
Adresse des zu Ihrem Elternhaus nächstgelegenen Baumarkts, Supermarkts und Recyclinghofs inkl. Öffnungszeiten	

Arbeitshilfe 3.2

Grundausstattung 2/2: *individuell*

Nr.	Artikel	eingepackt?
Ergänzen Sie Ihre Grundausstattung hier um alles, was Sie zusätzlich für die Arbeit in Ihrem Elternhaus brauchen		
Weitere Seite für Grundausstattung individuell? *(Setzen Sie rechts ein Kreuzchen, wenn Sie ein weiteres Blatt für Ihre individuelle Grundausstattung anlegen)*		

Arbeitshilfe 3.2

Grundausstattung: *Erläuterungen 1/2*

Artikel
Leichtmetall-Multifunktionstisch, alternativ: herkömmlicher Tapeziertisch *Ermöglicht flexibles Arbeiten mit variabel zusammensetzbaren Tischflächen, ohne dass Sie in Ihrem Elternhaus erst Tische freiräumen und damit ggf. die Unordnung vergrößern müssen. Ein herkömmlicher Tapeziertisch geht auch, ist aber aufgrund seiner Größe wesentlich weniger flexibel einsetzbar.*
Umzugs- und/oder Aktenkartons *Gönnen Sie sich die Profi-Version vom Umzugsunternehmen. Baumarktprodukte sind häufig weniger stabil und nicht unbedingt billiger. Wenn Sie Kartons nicht kaufen, sondern leihen, müssen Sie sie irgendwann zurückgeben oder nachträglich doch noch bezahlen. Daher Erinnerungsstücke besser in gekaufte oder andere eigene und stabile Kisten verpacken.*
Kunststoffkisten, unterschiedlich groß, mit und ohne Deckel *Brauchen Sie zum Verpacken und Transportieren von kleinteiligen und/oder wichtigen Dingen, die Sie besonders geschützt zu sich nach Hause transportieren wollen.*
Große stabile Tasche oder Kunststoffkiste mit Deckel *Wählen Sie eine Tasche oder Kiste, die Sie nicht ständig neu packen müssen, weil Sie sie zwischendurch für etwas anderes brauchen. Besonders geeignet: die blauen Taschen eines schwedischen Möbelhauses.*
Klemmbrett (alternativ: Ordner) und Schreibblock *Hier sammeln Sie sämtliche Arbeitshilfen. Wählen Sie eine möglichst knallige, auffallende Farbe und/oder Muster. Sie finden es dann zwischen all den anderen Dingen schneller wieder.*
Schwerlast-Müllsäcke *Für den Transport von allem, was Sie platzsparend verstauen und ggf. entsorgen müssen. Achten Sie auf gute Qualität, damit volle und schwere Säcke beim Transport nicht aufplatzen.*
Einmalhandschuhe *Verwenden Sie sie bei der Arbeit mit allem, was alt ist, besonders bei alten Zeitungen und Dokumenten. Staub und feinste Papierfasern lassen nach stundenlangem Kontakt Ihre Hände trocken und rau werden.*
Handwerkerhandschuhe *Für alle Arbeiten, bei denen Einmalhandschuhe zu schnell reißen oder zu wenig Schutz bieten.*

Arbeitshilfe 3.2

Grundausstattung: *Erläuterungen 2/2*

Artikel
Paketband, braun, und Abroller *Bei braunem Band finden Sie den Anfang des Packbandes einfacher als bei durchsichtigem. Der Abroller erspart Ihnen das Suchen nach einer Schere oder das «Abreißen» des Klebefilms mit den Zähnen.*
Mehrere Permanent-Marker *Zum Beschriften von Papier, Pappe und Müllsäcken. Achten Sie darauf, dass Sie mit den Stiften auch Folien (Müllsäcke) dauerhaft beschriften können. Verteilen Sie sie im Haus, das erspart Ihnen zusätzliche Wege und die Suche nach dem einzigen Exemplar, das Sie nebenbei irgendwo abgelegt haben.*
Flüssigseife *Besonders in lang leer stehenden Häusern sind vorhandene Seifen manchmal nicht mehr besonders angenehm zu nutzen oder schlichtweg unbrauchbar. Deponieren Sie in jedem Bad Ihres Elternhauses einen Spender, damit sparen Sie Wege.*
Lippenbalsam, Gesichts- und Handcreme *Pflegen Sie zwischendurch Ihre Haut, die sonst durch aufgewirbelten Staub oder feinste Papierfasern in der Luft anfängt, unangenehm zu jucken.*
Wasser *Trinken Sie bei der Arbeit in Ihrem Elternhaus so viel Wasser wie möglich, um Kopfschmerzen, Halskratzen und eine juckende Nase aufgrund der trockenen und staubigen Luft zu vermeiden.*
Mittagssnack / ‹Nervennahrung› *Bringen Sie selbst zubereitetes Essen von zu Hause mit – und für Ihre Nerven eine Kleinigkeit, die Sie besonders mögen. Fastfood macht dagegen schnell müde und damit die Arbeit im Elternhaus noch anstrengender.*
Baumarkt-/Supermarkt-/Recyclinghof-Adressen *Notieren Sie vorab Adressen und Öffnungszeiten des nächstgelegenen Standorts. Sie müssen dann vor Ort bei Bedarf keine Zeit mehr mit der Suche danach verschwenden.*

Vierter Schritt
Arbeitsfähig statt komplett erschlagen – Sortieren Sie sich und Ihre Unterstützung

Im vierten Schritt dreht sich alles um Unterstützung für Sie: Hilfe durch Dritte, durch Ihre Liebsten. Und außerdem um Ihre Selbstfürsorge.

Wenn Sie sich nicht vorstellen können, Hilfe anzunehmen, oder es Ihnen generell schwerfällt, andere um Hilfe zu bitten, ist dieser vierte Schritt besonders wichtig für Sie. Hier erfahren Sie, wie die für Sie persönlich sinnvolle Unterstützung aussehen kann und warum es dabei um alles andere als um fremde Menschen geht.

Das beschäftigt Töchter und Söhne gerade

Wie sollen Sie das bloß alles unter einen Hut bekommen: Ihren Job, Ihre Familie, alles, was Ihnen sonst noch wichtig ist – und jetzt auch noch Ihr Elternhaus?

Ihre Freunde bieten Ihnen Hilfe an. Aber wie sollen die Ihnen schon helfen können?! Sie wissen ja kaum selbst, wo Sie anfangen sollen. Jemand anders stört da nur. Und überhaupt: Fremde in Ihrem Elternhaus? Auf keinen Fall.

Kein Held bewältigt seine Heldenreise ohne Helfer, die ihn unterstützen und ihm zeigen, dass es mit Hilfe besser geht als allein. Das bringt Erleichterung mit sich und verleiht etwas Mut für den anstehenden Aufbruch.

Maroon 5, Bundesliga und richtige Hilfe zum richtigen Zeitpunkt

Ein kalter Februartag. Aus den beiden Lautsprechern dröhnt «Moves Like Jagger». Jan und Philipp singen aus vollem Hals mit. Aus dem Beifahrerfenster des Transporters sehe ich die Menschen in den Autos neben uns leicht irritiert heraufschauen.

Es ist unsere sechste gemeinsame Tour.

Auch an diesem Samstag sind die beiden mal wieder nicht mit Gold zu bezahlen. Wieder eine Tour, die mich anstrengt, obwohl Jan und Philipp den Löwenanteil der ganzen Arbeit erledigen und ich eigentlich bloß die «Regisseurin» bin. Es macht sich deutlich bemerkbar, dass beide zwanzig Jahre jünger sind als ich. Sie schleppen, was sein muss, aus meinem Elternhaus heraus und verladen alles genau nach Plan. Sie fahren den Transporter, entladen ihn und wuchten bei mir zu Hause ein paar Kisten in den zweiten Stock. Nach dem Ausladen am Recyclinghof sorgen sie auch noch dafür, dass das Gefährt innen sauberer ist als bei der Übernahme am Morgen. Und für all das gibt es nur zwei Bedingungen: Es läuft nachmittags im Wagen kein Radiosender, der zeitnah die Endergebnisse der Bundesliga verkündet. Und: Bei mir gibt es zum Tore-Gucken Bier und Pizza, wenn es mal wieder länger gedauert hat und die beiden es nicht mehr rechtzeitig zum «Sportschau»-Beginn zu sich nach Hause schaffen würden.

Es klingt erfunden, aber tatsächlich liefen viele Samstage vor dem geplanten Umzug meiner Eltern genau so ab. Von Anfang an war mir klar gewesen, dass meine Eltern, meine Schwester und ich dieses Hauses niemals ohne Hilfe durch Dritte würden auflösen können. Wie selbstverständlich dachte ich dabei sofort an Jan und Philipp und nicht an enge Freunde. Der Grund: Zu dieser Zeit arbeitete ich nebenberuflich als Dozentin an einer Universität. Jan und Philipp hatte ich als Studenten in einem meiner Seminare kennengelernt. Als mein Elternhaus Thema wurde, wusste ich bereits, dass wir gut miteinander arbeiten konnten: Wenige Monate zuvor hatten wir zusammen eine Tagung organisiert und dafür wochenlang telefoniert, Ablaufpläne geschrieben, korrigiert und neu aufgesetzt, Räume gebucht, das Catering bestellt, mit Versicherungen verhandelt, Teilnehmerlisten geschrieben sowie Möbel und Technik geschleppt und aufgebaut.

Obwohl das alles überhaupt nichts mit meinem Elternhaus zu tun hatte, spürte ich intuitiv, dass die beiden auch in dieser Situation die perfekte Unterstützung sein würden. Wir verstanden uns gut, und ich hatte erlebt, wie gewissenhaft und umsichtig sie die unterschiedlichsten Aufgaben anpackten, ohne dabei ihre gute Laune zu verlieren.

Meine Eltern lehnten Hilfe zunächst kategorisch ab. Sie wollten keine Fremden im Haus haben. Ich schlug ihnen vor, Jan und Philipp erst einmal zu treffen, dann könnten sie ja immer noch entscheiden. Als die beiden und meine Eltern sich schließlich kennenlernten, dauerte es keine fünf Minuten, bis das Eis gebrochen war. Wochen später fragte mein Vater den fast fünfzig Jahre jüngeren Jan bei irgendeinem Problem sogar explizit um Rat. Mir blieb der Mund offen stehen, als ich feststellte, dass mein Vater diesem Rat zu hundert Prozent folgte und damit genau das umsetzte, was ich selbst ihm kurz vorher noch vergeblich vorgeschlagen hatte …

Wie es ohne die beiden gelaufen wäre? Ich mag nicht daran denken. Ein Glücksfall, sie an unserer Seite zu haben, keine Frage.

Sorgen Sie für gezielte Hilfe

Hier im vierten Schritt geht es für Sie nicht darum, auf solche Multitalente zu hoffen und zu resignieren, wenn Sie sie nicht finden.

Dieser vierte Schritt lädt Sie vielmehr dazu ein, das Thema Hilfe durch Dritte aus einer ganz anderen Perspektive zu betrachten, als Sie das bisher vielleicht getan haben. Er soll Ihnen dabei helfen, sich mit dem Gedanken anzufreunden, dass Sie spürbaren Nutzen aus den Fähigkeiten anderer ziehen können, die Sie selbst nicht oder nur in geringem Umfang besitzen.

Natürlich können Sie voller Überzeugung beschließen, in Ihrem Elternhaus tatsächlich jeden Handgriff allein zu machen. Wenn Sie keinerlei zeitlichen Beschränkungen unterliegen, Ihren Alltag ohne Absprache mit anderen gestalten können und auch finanzielle Aspekte bei diesem Thema keine Rolle spielen, spricht nichts dagegen. In allen anderen Fällen allerdings ist punktuelle, gezielte Unterstützung mehr als sinnvoll. Es geht dabei nicht darum, dass Sie ohne große Vorbereitung «fremde» Menschen unkoordiniert irgendwelche Dinge in Ihrem Haus erledigen lassen. Wir sprechen in diesem Schritt vielmehr über Hilfe durch eine Reihe verschiedener Menschen mit unterschiedlichen, speziellen Talenten, die Sie gezielt für einzelne Aktivitäten um ihre Hilfe bitten.

Sie brauchen solche Unterstützung spätestens dann, wenn Sie die Arbeit im Elternhaus mit eigenen beruflichen Verpflichtungen, Ihrer Familie und/oder anderen Ihnen wichtigen Themen unter einen Hut bringen müssen. Und nicht immer muss die Hilfe dabei vor Ort in Ihrem Elternhaus stattfinden – beispielsweise wenn die Mutter eines Schulfreundes Ihres Sohnes Ihnen zusagt, für genau *den* Zeitraum Ihren üblichen Fahrdienst für die Kinder zu übernehmen, den Sie jetzt für das Auflösen Ihres Elternhauses brauchen.

Daher bereiten Sie hier im vierten Schritt verschiedene Arten von Unterstützung vor, um sie später gezielt nutzen zu können, wenn Sie spüren, dass Sie alleine nicht oder nur sehr mühselig weiterkommen:

- Hilfe durch Dritte (nicht durch «Fremde»!);
- Hilfe durch Ihre Liebsten (Menschen, denen Sie sich besonders eng verbunden fühlen und mit denen Sie Ihren Alltag teilen);
- sowie Hilfe durch sich selbst.

Darüber hinaus sorgen Sie in diesem Schritt dafür, dass Sie Dinge tatsächlich entsorgen können, indem Sie Container bestellen und klären, ob Sie den nächstgelegenen Recyclinghof auch wirklich nutzen können. Und nicht zuletzt nehmen Sie bei Bedarf schon jetzt Kontakt mit einem geeigneten Entrümpler und einer Maklerin auf.

Was diese beiden professionellen Helfer betrifft, müssen Sie an dieser Stelle noch nichts endgültig *entscheiden*. Hier geht es nur darum sicherzustellen, dass Sie später bei diesem Thema nicht in Zeitnot geraten.

Sollten Sie jedoch bereits eine Maklerin und/oder einen Entrümpler beauftragt haben, können Sie – wie schon im zweiten Schritt erwähnt – den entsprechenden Abschnitt weiter unten zu diesem Thema auslassen, kurz auf den zehnten Schritt vorgreifen und im entsprechenden Abschnitt prüfen, ob die dortigen Hinweise noch hilfreiche Tipps und Empfehlungen für Sie enthalten.

Schauen wir uns jetzt an, welche unterschiedlichen Arten von Hilfe Ihnen grundsätzlich zur Verfügung stehen können und wie Sie sie für sich gezielt nutzbar machen können.

Wirksame Hilfe durch Dritte

Dreh- und Angelpunkt für die wirksame Hilfe durch Dritte sind deren Talente: Wer aus Ihrem Freundes- und Bekanntenkreis ist beispielsweise handwerklich geschickt und könnte Möbel auseinander- bzw. abbauen? Wer behält immer den Überblick, organisiert gerne und könnte deshalb die Fahrten zum Recyclinghof so planen, dass der gemietete Lieferwagen sinnvoll beladen wird und die Fahrerei möglichst wenig Zeit in Anspruch nimmt bzw. Sprit kostet? Wer ist besonders einfühlsam, weswegen Sie ihm oder ihr gegenüber so gut wie keine Scham empfinden würden, wenn er oder sie sich um sehr persönliche Dinge wie die Badutensilien ihrer Mutter oder die Wäsche Ihres Vaters kümmern würde? Diese Person kann, muss aber nicht automatisch die beste Freundin oder der beste Freund sein.

Denken Sie an dieser Stelle nicht darüber nach, wie schrecklich es wäre, jemanden an diese Dinge heranzulassen. Darum geht es hier nicht. Konzentrieren Sie sich stattdessen auf die Frage: Wer kann was besonders gut? Mit Hilfe ihrer Talente können bestimmte Menschen bestimmte Aufgaben – grundsätzlich, aber auch in Ihrem Elternhaus – viel müheloser erledigen, als Sie selbst das jemals schaffen würden. Wenn Sie gezielt Helfer *nach ihren Talenten* auswählen und nicht nur nach Sympathie, kommt deren Unterstützung auch Ihrem Nervenkostüm zugute.

Verabschieden Sie daher das diffuse Bild des in den Dingen Ihrer Eltern «herumwühlenden» Fremden. Niemand will, dass Sie Fremde in Ihr Elternhaus lassen. Tauschen Sie dieses innere Bild aus gegen die sehr konkrete Vorstellung, dass Person X die Aufgabe Y in Ihrem Elternhauses erledigt, *nur genau dies* und nichts anderes tut – während Sie natürlich ebenfalls im Haus sind. Spüren Sie die Erleichterung bei der Vorstellung, dass jemand, den Sie um Hilfe gebeten haben und der sofort Ja gesagt hat, z. B. am Rechner sitzt und «mit links» Adressen, Verkaufsmöglichkeiten, Entrümpler oder Makler für Sie recherchiert, während das für Sie einer Höchststrafe gleichkommen würde. Die *Arbeitshilfe 4.3 – Helfer und Talente* am Ende dieses Kapitels unterstützt Sie dabei, solche Helfer zu finden.

Wirksame Hilfe durch Ihre Liebsten

Die Tatsache, dass Sie Ihr Elternhaus auflösen werden, bringt auch für Ihre Liebsten eine ganze Reihe von Konsequenzen mit sich. Routinen finden nicht auf gewohnte Art und Weise statt oder fallen aus. Sie müssen umorganisieren.

Auch wenn Sie es gewohnt sind und es sich gar nicht anders vorstellen können: Versuchen Sie, nicht alles allein zu stemmen. Für die anderen ist das vielleicht bequem, für Sie selbst jedoch – je nach persönlicher Situation – eine spürbare zusätzliche Belastung. Bitten Sie also Ihre Liebsten um Hilfe. Besonders dann, wenn sich bereits alle in der Familie an Ihre Rolle als Universalkraft in jeder Lebenslage gewöhnt haben. Nehmen Sie sich einen Moment und machen Sie sich klar, an welchen Stellen Sie Entlastung brauchen könnten oder gezielt haben wollen. Erlauben Sie sich, diesen Gedanken zu Ende zu denken – auch wenn die mühsam aufgebauten Wochenroutinen gerade Alarm schlagen und sich jede Änderung verbitten. Wie Sie Entlastung finden und dabei vielleicht sogar zu überraschenden Lösungen kommen können, erfahren Sie weiter unten in der Anleitung zu diesem Schritt.

Selbstfürsorge: Wirksame Hilfe durch Sie selbst

Planen Sie schon jetzt bewusst notwendige Erholungsphasen ein. Sorgen Sie dafür, dass Ihr Kalender nicht mit Verpflichtungen verstopft ist, während Sie Ihr Elternhaus auflösen. Verschaffen Sie sich außerdem einen Überblick darüber, was zeitlich, organisatorisch und auch finanziell auf Sie zukommt. Das hört sich erst einmal nicht nach Erholung an, sorgt aber dafür, dass Sie während der Arbeit in Ihrem Elternhaus ruhig schlafen können – oder dafür, dass Sie jetzt schon gezielt Alarm schlagen können, wenn Sie merken, dass eines dieser Themen Sie voraussichtlich über Gebühr belasten wird. Hier geht es also um ganz praktische Selbstfürsorge. Für viele Menschen, gerade wenn sie sich in der Regel mehr um andere als um sich selbst kümmern, ist das eine echte Herausforderung. Fangen Sie deshalb genau damit an.

Anleitung und Arbeitshilfen

Selbstfürsorge: Schätzen Sie grob Ihren ungefähren Zeitbedarf ein

Verschaffen Sie sich ein Gefühl für den ungefähr notwendigen Zeitaufwand. Benutzen Sie hierfür *Arbeitshilfe 4.1 – Schätzung Zeitaufwand*. Diese Berechnung basiert auf Erfahrungen und liefert daher nur einen Annäherungswert. Natürlich ist es unmöglich, Ihren exakten Zeitbedarf verlässlich vorauszusagen. Vielleicht passiert Ihnen kein einziger «Nix-geschafft»-Tag, stattdessen erleben Sie aber womöglich eine ganze Reihe von zeitraubenden unvorhergesehenen Ärgernissen.

Berechnen Sie Ihre ungefähren Fahrt- bzw. Benzinkosten

- Ziehen Sie hierzu die Anzahl der wahrscheinlich notwendigen Fahrten heran, die Sie in *Arbeitshilfe 4.1 – Schätzung Zeitaufwand* ermittelt haben.
- Rechnen Sie anhand von Ticketpreisen der Deutschen Bahn, des ÖPNV oder aber aktueller Kraftstoffpreise und zu fahrender Kilometer zwischen Elternhaus und Ihrem eigenen Zuhause Ihre voraussichtlichen Fahrtkosten aus.

Kümmern Sie sich um regelmäßige Termine, die* nur Sie selbst (!) *betreffen

- Kündigen Sie Kursleitern z. B. Ihres Sportkurses sowie Freunden o. ä. bereits jetzt an, dass Sie in den kommenden Wochen oder auch Monaten möglicherweise (regelmäßige) Termine (einige Male) absagen oder ausfallen lassen müssen.
- Tun Sie das auch, wenn Sie sich jetzt gerade fest vornehmen, diese Termine unbedingt einhalten zu wollen. Sie vermeiden damit, dass Ihr schlechtes Gewissen sich selbst und anderen gegenüber Woche für Woche größer wird.

Organisieren Sie Unterstützung und Alternativen für regelmäßige Termine, die* Sie und Ihre Liebsten gemeinsam *betreffen

Hierzu gehören z. B. «Fahrdienste» für die Kinder.

- Notieren Sie solche Termine in *Arbeitshilfe 4.2 – Organisation Routinetermine*. Die Notizen sind die Grundlage für das Gespräch mit Ihren Liebsten und ggf. mit Dritten (siehe unten).

Überprüfen Sie bereits geplante Vorhaben in den kommenden Monaten

Ist irgendetwas dabei, was Sie schon jetzt als Belastung empfinden und was Sie mit oder ohne Rücksprache mit Ihren Liebsten absagen könnten?

- Wenn ja, tun Sie es und bitten Sie um Verständnis angesichts der vor Ihnen liegenden Aufgabe. Bieten Sie keine Ausweichtermine an. Sie wissen jetzt noch nicht, ob Sie diese halten können.
- Schauen Sie bei diesem Thema genau hin und überprüfen Sie Ihre Denkgewohnheiten. «Das kann ich unmöglich absagen!» ist häufig Ausdruck davon, keinen Ärger mit der von der Absage betroffenen Person riskieren zu wollen. Seien Sie also mutig. Wenn Sie solche Termine völlig erschöpft nach einem Tag in Ihrem Elternhaus wahrnehmen, haben weder Sie noch die anderen etwas von Ihrer Anwesenheit.
- Bei Terminen, die Sie tatsächlich nicht verschieben oder absagen können, verzichten Sie bewusst darauf, am Wochenende oder an einigen Tagen vor diesem Termin in Ihrem Elternhaus zu arbeiten. Ihre Liebsten und Ihr Gastgeber bzw. Gäste werden es Ihnen danken – und Sie selbst nicht während der ganzen Zeit den Wunsch verspüren, viel lieber zu Hause auf dem Sofa zu liegen.

Entwickeln Sie eigene Ideen, wie Ihre Liebsten Sie ohne großen Aufwand unterstützen können

Wünschen Sie sich nichts, was große und komplizierte Vorbereitungen notwendig macht. Das führt nur zu Enttäuschungen, wenn es nicht klappt. Hier geht es um praktische Alltagsdinge: Ein vorgekochtes Essen, das Sie mit ins Elternhaus nehmen können. Kleinere Aufgaben, die Ihre Kinder jetzt selbst übernehmen. Die jetzt von Ihrem Partner geschmierten Schulbrote, die Sie sonst vorbereitet haben, usw.

- Notieren Sie alles, was Ihnen einfällt, ebenfalls in *Arbeitshilfe 4.2 – Organisation Routinetermine*, damit Sie es mit Ihren Lieben besprechen können und dabei nichts vergessen.
- Denken Sie außerdem darüber nach, was Ihre Liebsten Ihnen zuliebe ganz bewusst *nicht* tun sollten, damit Sie nach einem anstrengenden Tag in Ihrem Elternhaus entspannen und Ruhe finden können.

Unterstützung durch Ihre Liebsten

- Rufen Sie Ihre Liebsten zu einem gemeinsamen Gespräch zusammen, z. B. mit dem Hinweis auf «etwas sehr Wichtiges, das uns alle in der nächsten Zeit betreffen wird».
- Durchbrechen Sie eventuelle Gewohnheiten, was gemeinsame Gespräche angeht, indem Sie z. B. alle Anwesenden explizit um ihre Aufmerksamkeit bitten und dafür sorgen, dass Handys und Tablets (außer Ihrem eigenen, wenn Sie es für Ihre Notizen benötigen) bei diesem Gespräch außen vor bleiben.
- Sprechen Sie davon, wie es Ihnen damit geht, Ihr Elternhaus auflösen zu müssen, und was an Arbeit dabei auf Sie zukommt. Erzählen Sie von der Aufwandschätzung in Sachen Zeit und Kosten und welchen konkreten Zeitraum das für Sie alle betreffen wird.
- Machen Sie ruhig und unmissverständlich klar, dass Sie in dieser Zeit einige vertraute Routinen häufiger nicht wahrnehmen können, wie z. B. abends noch eine lange Gute-Nacht-Geschichte vorzulesen oder den Wocheneinkauf am Samstagvormittag zu erledigen. Sprechen Sie diese Punkte konkret an und schlagen Sie vor, gemeinsam nach Lösungen zu suchen. Fragen Sie alle nach Vorschlägen.
- Weisen Sie liebevoll darauf hin, dass Sie die alten Gewohnheiten wieder aufnehmen wollen, nachdem Sie mit Ihrem Elternhaus fertig sind. Diese Aussage vermittelt gerade Kindern das Gefühl, dass ihre vertraute Welt wiederhergestellt wird. Das

kann ihre Bereitschaft vergrößern, sich jetzt auf Kompromisse einzulassen, auch wenn sie diese als lästig empfinden.

- Formulieren Sie einen eigenen Wunsch an jedes Ihrer Kinder. Schon Vorschulkinder haben ein Gespür dafür, dass sie selbst etwas tun können, um Ihnen zu helfen und dass Sie sich darüber freuen. Falls Ihnen keine Wünsche einfallen: Fragen Sie Ihre Kinder.
- Verabreden Sie, dass man Sie ggf. anruft und fragt, ob Sie «heute» generell Lust auf eine Überraschung haben oder nicht. Damit bleibt Ihren Liebsten der Überraschungseffekt und Sie sind darauf eingestellt, ohne jedoch zu wissen, was *konkret* passieren wird. Das erspart Ihnen, gute Miene zu etwas machen zu müssen, das Sie nicht richtig genießen können, weil Sie viel lieber Ihre Ruhe hätten.
- Notieren Sie in *Arbeitshilfe 4.2 – Organisation Routinetermine* in den dafür vorgesehenen Spalten alle Absprachen und die vorläufigen Ideen aus diesem Gespräch. Sie nehmen diese Arbeitshilfe noch einmal zur Hand, sobald Sie *Arbeitshilfe 4.3 – Helfer und Talente* kennengelernt haben.

Unterstützung durch Dritte

- Lesen Sie die Beschreibung unterschiedlicher Helfer-Typen in *Arbeitshilfe 4.3 – Helfer und Talente* am Ende dieses Kapitels.
- Sobald Ihnen bei einer der Beschreibungen spontan jemand aus Ihrem Freundes- und Bekanntenkreis einfällt, der die dort genannten Talente hat, notieren Sie diesen Namen in der freien rechten Spalte.
- Ergänzen Sie später weitere Namen, wann immer Ihnen einer einfällt oder wenn Dritte Ihnen gegenüber Personen mit diesen Talenten erwähnen, an die Sie bisher nicht selbst gedacht haben.
- Legen Sie die *Arbeitshilfen 4.2 – Organisation Routinetermine* und *4.3 – Helfer und Talente* nebeneinander. Vielleicht haben

Sie in Arbeitshilfe 4.3 beim Punkt «Routine-Helfer» ohne Zögern den Namen genau der Person notiert, die Sie sowieso bitten wollten, z. B. die Fahrdienste für die Kinder zu übernehmen. Sprechen Sie so bald wie möglich mit ihr und haken Sie diesen Punkt in *Arbeitshilfe 4.2 – Organisation Routinetermine* ab.

- Schauen Sie sich Ihre *Arbeitshilfe 4.3 – Helfer und Talente* bewusst an. Mit dem Ausfüllen dieses Blattes haben Sie für einen ersten eigenen Eindruck darüber gesorgt, dass es Hilfe durch Dritte für Sie geben *könnte*. Ihnen sind Menschen mit Talenten eingefallen, welche Sie in Ihrem Elternhaus gut brauchen könnten. Wir kommen später darauf zurück.

Bereiten Sie – sofern bereits gewollt – die Beauftragung von Maklerin und/oder Entrümpler vor

- Wenn Sie bereits entschieden haben, Maklerin und/oder Entrümpler zu beauftragen, können Sie schon jetzt Kennenlern-Gespräche führen, um einen ersten Eindruck von den jeweiligen Menschen zu bekommen.
- Eine endgültige Entscheidung sowie eine Beauftragung sind jetzt noch nicht zwingend notwendig. Lassen Sie sich auch nicht durch Makler oder Entrümpler dazu drängen (kein seriöser Anbieter würde dies versuchen).

Bestellen Sie jetzt einen Mischcontainer mit Deckel

- Sie können solche Container bei örtlichen Entsorgungsunternehmen oder bei gewerblichen Anbietern mieten.
- Wählen Sie einen Container mittlerer Größe und unbedingt mit Deckel. Die kleinen Ausführungen sind im Handumdrehen voll, die ganz großen passen vielleicht nicht einmal in Ihre Garagenauffahrt oder versperren Rettungswege.
- Besorgen Sie sich außerdem ein stabiles Vorhängeschloss, um den Container grundsätzlich nach getaner Arbeit zu verschließen. Ein Container mit Deckel ist unwesentlich teurer als ein

deckelloses Exemplar, aber ziemlich nützlich: Schließlich wollen Sie ja nur den *eigenen* und nicht auch noch den Abfall der Anwohner aus Nebenhäusern entsorgen. Es gibt leider häufig Nachbarn, die einen solchen Container als Möglichkeit zur kostenlosen Entsorgung gern ungefragt «mitnutzen».

- Verabreden Sie daher nach Möglichkeit auch ein Anlieferdatum, zu dem Sie vor Ort anwesend sein können.
- Stellen Sie bei Anlieferung sicher, dass der Container möglichst nah am Eingang Ihres Elternhauses platziert wird, damit Sie unnötige Lauferei, besonders bei schlechtem Wetter, vermeiden. Achten Sie darauf, genug Platz für Rettungsfahrzeuge zu lassen.

Es stimmt: Sie ignorieren mit dem Einsatz dieses Containers alle Prinzipien der Mülltrennung. An dieser Stelle geht es jedoch darum, dass Sie unmittelbar einen ersten Anfangserfolg in Ihrem Elternhaus erzielen können. Dafür werden Sie aller Voraussicht nach einige erste Dinge aus völlig unterschiedlichen Materialien in diesen Container werfen. Alternativ könnten Sie sortenreine Abfallgruppen herstellen und diese als Haufen im Haus verteilt stapeln. Das jedoch würde nur dazu führen, dass Sie sich gleich am Anfang selbst unnötig ausbremsen und das Haus gefühlt voller statt leerer wird.

Klären Sie jetzt, dass Sie beim nächstgelegenen Recyclinghof anliefern dürfen

- Wenn Sie im selben Ort wohnen wie Ihre Eltern, ist dieser Punkt für Sie vermutlich nicht relevant. Als Einwohnerin dieser Stadt dürfen Sie die dort befindlichen Recyclinghöfe zur Anlieferung von Abfall nutzen. Sind Sie sich unsicher, fragen Sie dort nach.
- Kommen Sie von außerhalb (und damit ist auch bereits ein unmittelbar angrenzender Nachbarort gemeint): Finden Sie heraus, welcher Recyclinghof für Sie nutzbar ist. Beides – Recy-

clinghof und Ihr Elternhaus – müssen in der Regel *in der gleichen Gemeinde* oder Stadt liegen. Es zählt hier nur die Meldeadresse Ihres Elternhauses, nicht die Entfernung zum nächstgelegenen Recyclinghof.

- Rufen Sie dort an (oder fahren Sie hin) und schildern Sie Ihre Situation: Was müssen Sie als Auswärtige tun, um bei diesem Hof anliefern zu dürfen, in dessen Einzugsgebiet Ihr Elternhaus liegt? Es gibt hierzu unterschiedliche Regelungen von Stadt zu Stadt. Fragen Sie, wie Sie sicherstellen können, dass man Sie bei Anlieferung mit Ihrem fremden Kennzeichen auf dem Nummernschild nicht zurückweist. Das gilt auch, wenn Sie mit einem geliehenen Transporter anliefern wollen. Sie müssen dann vielleicht nachweisen können, dass weder Sie noch der Wagen, sehr wohl aber die Ladung aus der Gemeinde stammt, in der Ihre Eltern gelebt haben *und* in der auch der Recyclinghof liegt.
- Fragen Sie bei dieser Gelegenheit auch gleich nach, ob Sie größere Anlieferungen, z. B. mit dem gerade erwähnten Transporter, vorher anmelden müssen oder nicht.

Wie Sie Ihre Bedeutsamen Anderen bei diesem Schritt einbinden können

«Könntet ihr euch vorstellen, dass uns bei einigen Arbeiten Menschen helfen, die dafür besonders geeignet sind und denen wir alle vertrauen?» Nutzen Sie die Beschreibung unterschiedlicher Helfer-Typen in *Arbeitshilfe 4.3 – Helfer und Talente*, um Ihre Idee zu begründen.

Bieten Sie Ihren Bedeutsamen Anderen an, die Helfer vorab vorzustellen, so wie es bei meinen Eltern mit Jan und Philipp funktioniert hat. Dieser Vorschlag macht deutlich, dass Sie keine Alleingänge vorhaben.

Auch wenn es schwerfällt: Nehmen Sie ein eventuelles Zögern bei diesem Thema als Ausdruck von Vorsicht und nicht als Misstrauen Ihnen gegenüber (auch wenn es das sein sollte). Fragen Sie Ihr Gegenüber, was Sie tun können, damit er oder sie sich mit dieser Idee weiter anfreunden könnte.

So oder so: Geben Sie Ihrem Gegenüber die Möglichkeit, diese Entscheidung mit Ihnen gemeinsam zu fällen. Entscheidungen, die auf diese Art und Weise zustande kommen, sind tragfähiger, als wenn die Beteiligten mit fertigen Vorschlägen in die Ecke gedrängt werden.

Wenn Ihre Bedeutsamen Anderen in Sachen Hilfe auf stur schalten

Lassen Sie sich auf keinen Fall entmutigen, wenn Ihre Bedeutsamen Anderen jede Hilfe von außen kategorisch ablehnen. Sie können die Unterstützung durch Dritte trotzdem nutzen, wenn auch anders als Sie das ursprünglich wollten.

Ihre Unterstützer sind in diesem Fall zwar nicht vor Ort in Ihrem Elternhaus dabei, können Ihnen aber trotzdem eine große Hilfe sein. Vereinbaren Sie mit ihnen, dass Sie sie jederzeit anrufen und um Rat fragen dürfen – ggf. auch mehrfach am Tag. Die Empfehlungen dieser Menschen werden Sie mit Sicherheit auf neue Ideen bringen und aus Ihrer Ratlosigkeit oder Unsicherheit herausholen. Einiges, z. B. Recherchen, können diejenigen ebenso gut im Vorhinein von zu Hause aus erledigen.

Je weniger, umso mehr: Auflösen unter Zeitdruck

Wenn Sie Ihr Elternhaus unter großem Zeitdruck auflösen müssen, ist Hilfe durch geeignete Dritte das A und O. Je weniger Zeit Sie für dieses Unterfangen aufbringen können, umso gründlicher sollte Ihre Vorbereitung sein. Wenn Sie beispielsweise nur ein einziges langes Wochenende – sagen wir: von Donnerstag bis Sonntag – zur Verfügung haben, sollten Sie mindestens die doppelte Zeit vorab zu Hause mit sorgfältiger Planung zubringen. In diesem Fall gilt: Konzentrieren Sie sich vor allem darauf, umsichtige Helfer für sich zu gewinnen und gezielt einzusetzen.

Wenn jemand dabei ist, der sehr gut organisieren kann, bieten Sie ihm oder ihr ggf. einen Tauschhandel an: Seine Hilfe gegen Ihre Unterstützung an anderer Stelle durch etwas, das *Sie* gut können. Hilfe und Helfer dieser Art sind in einer solchen Situation im wahrsten Sinn des Wortes nicht mit Gold zu bezahlen. Sorgen Sie also von vornherein für einen fairen Ausgleich an dieser Stelle.

Arbeitshilfe 4.1

Schätzung Zeitaufwand

1. Räume

Anzahl gesamt = ________ x 1 Tag pro Raum = _______ Tage

Nutzen Sie zum Zusammenzählen bei Bedarf die Raum-Liste in Arbeitshilfe 1.2 – Foto-Dokumentation.

2. Anfahrt

Fahrtdauer pro Strecke
- bis 4 Std. = «0,5» eintragen
- mehr als 4 Std. = «1» eintragen
x Anzahl Räume
(siehe 1.) = ________ x ________ = _______ Tage

3. Zeit für Unvorhergesehenes (50 % der Tage aus 1.)

Anzahl Räume
(siehe 1.) = ________ x 0,5 = _______ Tage

4. «Nix geschafft!» – Tage (10 % aus 1.)

Anzahl
Räume gesamt = ________ x 0,1 = = _______ Tage

5. ZEITAUFWAND insgesamt ungefähr = _______ Tage

6. AUFWAND entspricht ungefähr

i. *(Zeitaufwand aus 5. geteilt durch 30 Tage pro Monat)* = ________ **Monat/en**

ii. *(Zeitaufwand aus 5. geteilt durch 5 Arbeitstage pro Woche)* = ________ **Woche/n**

iii. *(Zeitaufwand aus 5. geteilt durch 2 Tage pro Wochenende)* = ________ **Wochenende/n**

Arbeitshilfe 4.2

Organisation Routinetermine

Nr.	Aktivität mit Wochentag und Uhrzeit	Lösung	Wer macht's?
Weitere Seite für Organisation Routinetermine? *(Setzen Sie rechts ein Kreuzchen, wenn Sie ein weiteres Blatt für die Organisation von Routineterminen anlegen)*			

Arbeitshilfe 4.3

Helfer und Talente 1/2

Helfer-Typ (sortiert von A bis Z)	Name/n möglicher Helfer
Aufspür-Helfer hat ein besonderes Talent dafür, die Dinge aufzufinden, die Sie und alle anderen schon x-mal gesucht, aber bisher übersehen haben, oder an Orten Dinge zu finden, an denen Sie nie gesucht hätten.	
Emotionaler Helfer kann sehr gut zuhören und fühlt mit, ohne mitzuleiden. Hört sich geduldig auch zum hundertsten Mal Ihre Erlebnisse beim Auflösen Ihres Elternhauses an. Kann ein/e gute/r Freund/in (oder mehrere) sein, muss aber nicht.	
IT-Helfer kennt sich sehr gut mit IT aus. Könnte sich eventuell darum kümmern, Ihnen einen Überblick über den digitalen Nachlass Ihrer Eltern zu verschaffen. Kann Sie davon entlasten, Daten zu sichern oder auch bereinigte Geräte bei Bedarf zu entsorgen.	
Kommunikations-Helfer erledigt mühelos all die Anrufe, die Ihnen schwerfallen oder für die Sie keine Zeit haben. Schreibt ohne Anstrengung Texte, Briefe und E-Mails (z. B. Anfragen an Versicherungen usw.), die Sie dann nur noch unterschreiben und absenden müssen.	
Pack-Helfer verpackt mit Engelsgeduld auch große Mengen von Dingen gründlich und transportsicher, ohne dabei nachlässig zu werden.	
Recherche-Helfer sucht und findet am Rechner mit Spaß und Engelsgeduld Informationen über den Wert, die Herkunft, Verkaufschancen usw. zu einzelnen Dingen oder ganzen Sammlungen. Sucht außerdem hilfreiche Adressen, Gutachter, Verwerter usw. hierzu heraus.	

Arbeitshilfe 4.3

Helfer und Talente 2/2

Helfer-Typ (sortiert von A bis Z)	Name/n möglicher Helfer
Rechtsbeistand ist nach Möglichkeit der Rechtsanwalt Ihrer Wahl aus dem zweiten Schritt. Kennt Ihre Situation und gibt Ihnen bis zum Schluss notwendige Hinweise und Empfehlungen.	
Routine-Helfer denkt pragmatisch und ist bereit, für einen bestimmten Zeitraum genau die Routine-Aufgabe zu übernehmen, die Sie sonst erledigen. Versteht Ihre Lage und erwartet nicht automatisch Ihr sofortiges Angebot, womit Sie ihn/sie demnächst entlasten.	
Sortier-Helfer geht gerne strukturiert vor. Hilft Ihnen geduldig beim Zusammensammeln von bestimmten Gegenständen. Hat das Talent, mit traumwandlerischer Sicherheit große Mengen bei Bedarf in kleinere, sinnvolle Einheiten aufzuteilen.	
Trage-Helfer zeichnet sich durch hohe körperliche Kraft aus. Bewegt, trägt und verlädt relativ mühelos schwere Kisten, Einrichtungsstücke oder Maschinen, die Ihnen jede Menge Rückenschmerzen einbringen würden.	
Verkaufs-Helfer verkauft routiniert, möglicherweise auch (semi-)professionell, alles Mögliche auf unterschiedlichen Plattformen (zum Beispiel eBay) und wickelt Verkauf komplett ab.	
Verschönerungs-Helfer hat das Talent, Räume ansprechend für den Verkauf herzurichten und zwar mit wenigen, in Ihrem Elternhaus vorhandenen Dingen bzw. Mitteln. Ausführliche Beschreibungen, welchen Nutzen Sie aus dieser Tätigkeit ziehen können, finden Sie im Internet unter dem Begriff «Home Staging». Siehe auch Literatur-Empfehlung im zehnten Schritt.	

Zweite Phase

Wertschätzen

Fünfter Schritt
Ihre erste Räumaktion – Anfangen und erfolgreich sein

In diesem Schritt beginnen Sie nun mit dem Sortieren und Räumen und stellen Ihren Anfangs-Erfolg sicher.

Das beschäftigt Söhne und Töchter gerade

Wo fange ich bloß an? Überall Kleinkram: Stifte, Notizzettel, Platzdeckchen hier, kleine Vasen dort. Das Regal mit den Fotoalben, darunter die Schallplatten. Die Videokassetten neben dem Fernseher – interessieren die noch jemanden? Alles ist staubig und in die Jahre gekommen, war das schon immer so? Vielleicht mit den Büchern anfangen? Oder lieber mit der Kleidung? Aber wohin mit Mutters Pelz? Einfach wegwerfen, das geht doch nicht?! Also besser im alten Kinderzimmer starten?

Entmutigt schauen Sie sich um …

Der Held spürt: Es ist Zeit, sich jetzt dem Abenteuer zu stellen. Er ist gut vorbereitet, hat Menschen an seiner Seite, die ihm helfen können und werden. Ab jetzt gibt es kein Zurück mehr. Das Abenteuer beginnt.

Überwindung oder Erlösung: Ihr Start im Elternhaus

Wenn Sie den Begriff Abenteuer an dieser Stelle nicht mögen: Das, was Sie nun tun müssen, ist in jedem Fall eine Herausforderung.

Umso mehr, weil Sie nach der ausführlichen Vorbereitung nun mit den Aktivitäten in Ihrem Elternhaus selbst anfangen. Wenn Sie davor zurückscheuen, ist es sehr wahrscheinlich, dass Ihnen immer noch die Frage zu schaffen macht: «Wo fange ich bloß an?» Der fünfte Schritt unterstützt Sie dabei, Ihren persönlichen Einstieg zu finden, sodass Sie am Ende zufrieden auf Ihre ersten Aktivitäten zurückblicken können. Das folgende Beispiel führt Ihnen vor Augen, auf welch unspektakuläre Art und Weise dieser Anfangserfolg zustande kommen kann.

Katzenbilder, Kunstpflanzen, Häkeldeckchen oder: Ein gelungener Anfang

Wo fange ich bloß an? Der ratlose Blick meines Gegenübers spricht Bände. Wir stehen in einem typischen Haus der 1980er Jahre. Ich bin zum ersten Mal dort und frage deshalb nach dem, was eventuell am dringendsten ist: «Haben Sie alle Dokumente, die Sie fürs Auflösen und Verkaufen brauchen?» Er nickt, zeigt mir seinen Ordner, in dem er sie zusammengestellt hat. Das Thema hat er offensichtlich im Griff.

«Was ist mit Lebensmitteln, kann hier irgendetwas verderben?» Jetzt schüttelt er den Kopf: «Nein, den Kühlschrank und die Schränke haben wir schon leer gemacht.» Aber dann erschrickt er: «Unten im Keller steht noch alles voll!» Wir schauen uns die bis zum Rand gefüllten Einmachgläser mit inzwischen kaum noch identifizierbarem Inhalt an. Auch hier Entwarnung. Sie stehen seit Jahren dort, scheinen aber dicht zu sein. Nirgendwo Schimmel. Auf ein paar Tage mehr kommt es da auch nicht mehr an.

Auf dem Weg zurück ins Wohnzimmer schaue ich mich um. Ich frage nach Erinnerungsstücken. Er ist sich unschlüssig, weiß noch nicht, ob er überhaupt etwas mit zu sich nach Hause nehmen möchte. Dieses Thema braucht also offenbar noch Zeit. Das macht es leichter, seine Aufmerksamkeit auf Dinge zu lenken, die für ihn materiell und ideell wertlos sein könnten. Ich spreche an, was im Übermaß in jedem Raum zu finden ist: Häkeldeckchen, aus Zeitschriften ausgeschnittene Katzenbilder, die mit Reißzwecken an den Wänden befestigt wurden, Familienbilder, und vor allem, mehrfach in jedem Raum: künstliche Topfpflanzen und Blumensträuße.

«Bedeuten Ihnen diese künstlichen Pflanzen etwas?» Seine Antwort kommt prompt: «Oh nein, ich finde sie schrecklich!» «Was ist mit all den Häkeldeckchen, Tischläufern usw.? Möchten Sie die in Ruhe durchsehen?» «Nein, auf keinen Fall, weg damit!» «Gilt das auch für die Katzenbilder an den Wänden?» Er schaut mich zweifelnd an: «Die paar Bilder?» Wir gehen durch das Erdgeschoss und seine Augen werden immer größer: «Mir war nicht klar, wie viele das wirklich sind. Ich weiß nicht, warum sie das gemacht hat.» «Sind Ihnen die Bilder wichtig?» «Nein, überhaupt nicht.»

«Haben Sie schon einen Mischcontainer bestellt, einen für alles?» «Ja, aber der kommt erst nächste Woche.» Okay, zu spät für dieses Mal, aber mir ist klar: Er kann heute trotzdem erfolgreich starten. Ich schlage vor, was er und seine Frau zuerst in Angriff nehmen sollten: 1. Alle künstlichen Pflanzen (die meisten sind beschädigt und unansehnlich) in Müllsäcke packen, provisorisch im Gästezimmer stapeln und beim nächsten Mal in den Container entsorgen (das Gästezimmer eignet sich am besten als Zwischenlager, da in ihm kaum Möbel stehen). 2. Alle Katzenbilder von den Wänden nehmen und entsorgen. 3. Alle Häkeldeckchen und Tischdecken jeweils in Müllsäcke und getrennt von den künstlichen Pflanzen ebenfalls im Gästezimmer stapeln. Er kann dann heute Abend auf der Rückfahrt nach Hause überlegen, ob er die Decken im Altkleidercontainer entsorgen oder aber aufgrund ihres guten Zustandes doch noch an ein Sozialkaufhaus spenden will.

Schon drei Tage später, direkt nach dem Wochenende, rufen die beiden an. Sie haben die besprochenen Dinge aus dem Haus entfernt, das dadurch viel geräumiger, leerer und ruhiger wirke. Sie kämen jetzt gut voran mit dem Sortieren und Räumen. Ich freue mich für die beiden. Der Anfang, vor dem sie sich gefürchtet haben, ist geschafft.

Ihr Anfangserfolg: Die wichtigsten Punkte vorab

Sie sind gut vorbereitet. Sie wissen, was Sie dürfen und was nicht. In Ihrer Aktivitätenliste haben Sie alles notiert, was zu tun ist. Sie wissen ungefähr, wie viel Zeit Sie das alles kosten wird und wen Sie bei Bedarf vielleicht um Hilfe bitten können. Bleibt nur noch eine Frage: Wo fangen Sie am besten an?

Um einen guten Start zu erwischen, fangen Sie mit etwas an,

- das Platz schafft,
- für Sie wertlos ist und
- das Sie sofort verpacken und möglichst auch entsorgen können.

Wie Sie das konkret hinbekommen, erfahren Sie unten im Abschnitt «Anleitungen und Arbeitshilfen».

Der Anfangserfolg und Ihre Bedeutsamen Anderen

Wenn es das Verhältnis zulässt, starten Sie Ihre Anfangsaktivität in Ihrem Elternhaus am besten mit Ihren Bedeutsamen Anderen zusammen. Erzählen Sie ihnen, wie Sie vorgehen wollen und laden Sie sie ein, den Anfangserfolg gemeinsam herzustellen. Wenn Sie es schaffen, sich bei dieser Gelegenheit auf eine Kategorie oder ein Thema zu verständigen und sich diesem gemeinsam zu widmen, haben Sie mehr als nur Ihren Anfangserfolg erzielt.

Ist Ihr Verhältnis angespannt oder schwierig, fragen Sie, ob Sie diesen Anfangserfolg im Elternhaus allein herstellen können. Hat keiner von Ihnen das Recht, dem anderen den Zutritt zum Haus zu verbieten, wird das vermutlich dazu führen, dass man Sie am Ende machen lässt oder aber selbst dabei sein will.

In besonders schwierigen Fällen fragen Sie nach Vorschlägen, wie sonst ein für alle akzeptabler Einstieg aussehen könnte.

Ggf. ist auch dies wieder ein Moment, um (wie im zweiten Schritt) noch einmal eine Erbmediation vorzuschlagen und anzubieten, sich um einen geeigneten Experten zu kümmern.

Anleitung und Arbeitshilfen

Haustiere versorgen

Je nachdem, wie lange Ihr Elternhaus schon leer steht, ist dieses Thema bereits erledigt.

- Wenn nicht, müssen Sie sich jetzt umgehend um ein neues Zuhause für diese Tiere kümmern.
- Denken Sie hier auch an Haustiere, die sich nicht über Laute bemerkbar machen können, wie z. B. Schildkröten oder Zierfische im Gartenteich.

Stellen Sie bei Bedarf immer noch fehlende Dokumente sicher

In manchen Elternhäusern ist das Thema Dokumente ein echtes Problem. Wenn es auch Sie jetzt immer noch beschäftigt:

- Nehmen Sie erneut *Arbeitshilfe 2.2 – Elternhaus-relevante Dokumente* zur Hand.
- Legen Sie Ihre *Arbeitshilfe 4.3 – Helfer und Talente* daneben. Haben Sie dort einen Namen in der Zeile Aufspür-Helfer notiert?
- Fragen Sie diese Person, ob sie bei der Suche im Haus helfen würde – vielleicht hilft deren unverstellter, frischer Blick, um endlich das Gesuchte zu finden.

Richten Sie Ihren Sammelplatz ein

- Stellen Sie in Ihrem Elternhaus einen oder alle Teile Ihres Multifunktionstisches bzw. den Tapeziertisch auf. Wählen Sie hierfür einen möglichst zentralen Ort, den Sie aus allen Räumen gut erreichen können, ohne dass er dort wichtige Laufwege versperrt; bei Bedarf in jeder Etage einen. Sie sammeln und verpacken dort in den folgenden Schritten alle möglichen Dinge und stellen gefüllte Säcke dort provisorisch ab, um sie später im Container zu entsorgen oder in Ihr Auto zu schaffen. An diesem Platz sollten Sie auch Ihre Grundausstattung deponieren.

Versorgen Sie lebende Pflanzen

- Entsorgen Sie ohne zu zögern zunächst alles, was vertrocknet oder verdorben ist, z. B. auf dem Kompost im Garten – oder in Ihren Mischcontainer.
- Falls Sie selbst keine der gesunden Pflanzen mit nach Hause nehmen wollen, fällt Ihnen vielleicht jemand aus Ihrem Freundeskreis ein, der Interesse daran haben könnte. Machen Sie Handy-Fotos und fragen Sie, ob der-/diejenige interessiert ist. Wenn ja, klären Sie, ob Sie sie mit nach Hause nehmen sollen, damit sie dort am gleichen oder nächsten Abend abgeholt werden.
- Topfpflanzen-Sammeln ist gerade groß in Mode. Fragen Sie Ihren Verkaufshelfer (siehe *Arbeitshilfe 4.3 – Helfer und Talente*), ob er die übrigen Pflanzen in Ihrem Namen verkaufen würde. Sagt er Ja, stellen Sie die betreffenden Pflanzen zusammen, machen Sie einige Fotos aus unterschiedlichen Perspektiven und schicken Sie sie ihm mit der Bitte, Verkauf sowie Abholung vor Ort für Sie zu organisieren.
- Sprechen Sie mit ihm ab, im Inserat weder den Namen Ihrer Eltern noch die detaillierte Adresse zu nennen. Damit vermeiden Sie es, potenziellen Einbrechern Hinweise darauf zu geben,

wo sich ein unbewohntes, aber noch eingerichtetes Haus befindet.

- Ein Aushang mit Foto der Pflanzen am schwarzen Brett des Supermarktes bei Ihren Eltern um die Ecke kann ähnlich gute Dienste leisten. Geben Sie aber auch dabei nur Ihre Handy-Nummer an!
- Und wenn gar nichts davon klappt oder Sie sich diese Mühe von vornherein nicht machen wollen: Entsorgen Sie die Pflanzen auf den Kompost Ihrer Eltern oder auf dem örtlichen Recyclinghof.

Entsorgen Sie Lebensmittel aller Art

Verderbliche frische Lebensmittel

- Wenn noch nicht geschehen, prüfen Sie, ob sich irgendwo im Haus noch verderbliche, frische Lebensmittel befinden (Milchprodukte, Obst, Gemüse, Fleisch, Fisch, ggf. auch Nassfutter für Haustiere usw.). Vergessen Sie, sofern vorhanden, das Gefrierfach im Kühlschrank nicht.
- Wenn Sie diese Dinge für den Eigenverbrauch nach Hause mitnehmen wollen, packen Sie sie unmittelbar vor der Rückfahrt in eine Ihrer mitgebrachten Kisten und verstauen Sie alles in Ihrem Auto.
- Wenn Sie die Dinge entsorgen müssen – dazu gleich noch ausführlich auf den folgenden Seiten –, füllen Sie alles in die reißfesten Müllsäcke. Verkleben Sie sie gründlich mit genügend Packband. Es sollte nichts mehr herausfallen oder -tropfen können.
- Der Kühlschrank sollte danach leer sein oder nur noch das enthalten, was Sie selbst dort zum Verbrauch während Ihrer Arbeit im Elternhaus brauchen.
- Ggf. stellen Sie ihn auch direkt aus. Denken Sie ggf. daran, dafür zu sorgen, dass eventuell heraustropfendes Tauwasser nicht den Fußboden ruiniert.

Konserven und Eingemachtes

- Lassen Sie Konserven und Eingemachtes zunächst stehen, wenn die Deckel bzw. Verschlüsse offensichtlich intakt sind und nirgendwo Schimmel zu erkennen ist.
- Falls Sie den jedoch auch nur ansatzweise wahrnehmen, entsorgen Sie sie – auch wenn es schwerfällt.

Gefrierschrank/-truhe

- Selbst hartgesottene Menschen haben oft ein Problem damit, Lebensmittel zu entsorgen. Gefriergut zu entsorgen ist besonders heikel, weil organisatorische Fragen hinzukommen. Entsorgen Sie es nämlich in der normalen Restmülltonne oder im Container vor dem Haus, produzieren Sie stinkende Essensreste und ziehen damit Ratten, Krähen und in etwas ländlicheren Gebieten auch Füchse oder Waschbären an.
- Dazu kommt: Wie lange ist es her, dass Ihre Eltern dies alles eingefroren haben? Auch Gefriergut sollte nicht mehr verzehrt werden, wenn die empfohlene Lagerzeit überschritten ist.
- Enthält die Gefriertruhe lauter professionell hergestellte Tiefkühlkost in originalverschlossenen Verkaufspackungen mit Informationen zum Mindesthaltbarkeitsdatum? Wenn Sie solche Lebensmittel vorfinden, können Sie relativ leicht entscheiden.
- Wahrscheinlicher ist es in den meisten Fällen jedoch, dass Sie sich nicht wirklich hundertprozentig sicher sein können, ob das Vorgefundene noch genießbar ist oder nicht. Hier gibt es nur eine Lösung, so schrecklich sie sich auch für Sie anfühlen mag: Springen Sie über Ihren Schatten und entsorgen Sie alles.
- Nehmen Sie dazu die reißfesten Müllsäcke aus Ihrer Grundausstattung mit zur Gefriertruhe. Ziehen Sie außerdem zum Kälteschutz die groben Handschuhe an.
- Befüllen Sie jeden Müllsack zu maximal Dreiviertel seines Fassungsvermögens, verkleben Sie ihn gründlich und ziehen zum Schutz noch zwei weitere Säcke drüber, die Sie ebenfalls gut verkleben.

- Fahren Sie diese Säcke, wenn möglich, direkt zum nächstgelegenen Recyclinghof, bei dem Sie anliefern dürfen.
- Alternativ: Werfen Sie alle Säcke in Ihren Mischcontainer. Sichern Sie dann aber das Ganze so gut wie möglich mit Ihrem Vorhängeschloss gegen tierische Interessenten.
- Bitten Sie dabei – wenn sich das gut für Sie anfühlt – z. B. das Universum oder Gott aufrichtig um Entschuldigung für den «Frevel», den Sie unter anderen Umständen niemals begehen würden. Und: Grollen Sie in diesem Moment ruhig wieder einmal Ihren Eltern, denen Sie diese Situation verdanken. Es merkt ja keiner.

Kosmetika und Drogerieartikel

Auch Kosmetika und Drogerieartikel können schlecht werden, ihren Duft verlieren und schlimmstenfalls Hautirritationen hervorrufen. Angefangene Dosen, Töpfchen, Tuben oder Fläschchen entsorgen oder doch noch selbst aufbrauchen?

- Jedes Produkt, das nicht mehr gut riecht, trocken oder bröselig ist, sollten Sie nicht weiter benutzen, auch wenn es sich um eine Luxusmarke handelt.
- Wenn Sie mögen, verbrauchen Sie selbst alles, was noch einwandfrei ist. Oder verschenken Sie es an Helferinnen und Helfer. Seien Sie aber nicht enttäuscht, falls diese kein Interesse daran haben.

Reinigungsmittel

Wussten Sie, dass sogar Flüssigwaschmittel schlecht werden kann?

- Verfahren Sie vor diesem Hintergrund mit Reinigungsmitteln wie mit Kosmetika.
- Verschwenden Sie keine unnötige Zeit auf ausgetrocknete Seifen, eingetrocknete Scheuermilch usw. Werfen Sie diese Dinge weg – Ihr Mischcontainer steht vor der Tür.

Erst dann: Sichtbar Platz schaffen und Wertloses entsorgen

- Legen Sie die einzelnen Blätter Ihrer *Arbeitshilfe 3.1 – Aktivitätenliste* nebeneinander oder blättern Sie die Seiten aufmerksam durch. Finden Sie dort notwendige Arbeiten, die in mehreren oder allen Räumen erledigt werden müssen? Machen Sie dann in der Spalte «Auch in anderen Räumen?» ein Kreuz.
- Ignorieren Sie zunächst große Möbelstücke, wertvolle Sammlungen oder andere schwere und große Gegenstände. Beides würde Sie in diesem Moment zu viel Zeit und Kraft kosten.
- Denken Sie über die gerade von Ihnen mit einem Kreuz versehenen Themen nach: Würde es Ihnen unmittelbar mehr Platz verschaffen, wenn Sie eines davon direkt jetzt in Angriff nähmen? Es geht hier um Dinge, die Sie direkt selbst gut von A nach B bewegen können.
- Wenn Ihnen auf den ersten Blick keines dieser Themen dafür geeignet scheint, nehmen Sie Ihre Aktivitätenliste in die Hand und gehen Sie ganz bewusst noch einmal Raum für Raum durch Ihr Elternhaus. In irgendeinem werden Sie sich bei dem Gedanken «Das kann doch aber wirklich weg!» ertappen. Gibt es die gleichen Dinge auch in anderen Räumen? Wenn ja, legen Sie los und erledigen Sie dieses Thema in allen Räumen. Sie schaffen sich damit Ihren Anfangserfolg.

Wenn nichts möglich scheint: Themen, die immer funktionieren

Sollten Sie noch unsicher sein, was Sie in Angriff nehmen könnten, helfen Ihnen hoffentlich die nachstehenden Themen weiter. Sie sind in der Regel unkritisch und führen zu sicht- und spürbar mehr Platz.

Schreibutensilien

- Sammeln Sie im gesamten Haus alle offen herumliegenden Schreibutensilien wie z. B. Stifte, Radiergummis, Anspitzer, Notizzettel, Büroklammern usw. in einer geräumigen Kiste zusammen. Diese Kleinteile würden Sie sonst später ständig stören; an einer Stelle zusammengesammelt lassen sie alle Räume häufig jedoch schnell übersichtlicher und aufgeräumter erscheinen.
- Ignorieren Sie hier alles, was sich offensichtlich geordnet direkt in Schreibtischschubladen oder -aufsätzen befindet; es kommt später dran, wenn Sie sich auf die Kategorie konzentrieren, der Sie diese Dinge zugeordnet haben (z. B. «Schreibtischinhalte zusammenpacken»).
- Ignorieren Sie bewusst angelegte Sammlungen, z. B. von teuren Füllfederhaltern oder sonstigem Schreibgerät. Solche Sammlungen werden zumeist in besonderen Kisten, Alben o. ä. aufbewahrt. Lassen Sie diese zunächst da, wo sie sind. Finden Sie Einzelstücke aus einer solchen Sammlung, legen Sie sie zunächst ebenfalls in die Schreibutensilien-Kiste. Kümmern Sie sich um diese Dinge, wenn Sie später die Kategorie «Sammlungen» abarbeiten.
- Ignorieren Sie in dieser Runde sämtliche Arten von Papier; diese nehmen Sie in der nächsten Runde in die Hand.
- Stellen Sie die Kiste mit den Schreibutensilien an einen gut erreichbaren und «logischen» Ort, z. B. auf einen Schreibtisch, und fügen Sie später beim weiteren Räumen alles hinzu, was Sie an Schreibutensilien noch finden.

Tageszeitungen, Zeitschriften, Werbebeilagen und Wurfsendungen

Diese Papier-Arten sorgen optisch für Unruhe und für das Gefühl, dass überall etwas herumliegt. Ändern Sie das.

- Nehmen Sie einen der großen Müllsäcke aus Ihrer Grundausstattung und werfen Sie in allen Räumen Werbebeilagen aus

Zeitschriften und Tageszeitungen sowie Wurfsendungen und kostenlose Stadtteilzeitungen hinein. Schütteln Sie sie vorher aus, um sicherzustellen, dass Sie kein darin verstecktes Geld oder wichtige Notizen übersehen. Manche Eltern haben auch Zeitschriften, Bücher, Schallplattenhüllen usw. als Verstecke genutzt. Verfahren Sie entsprechend mit geöffneten leeren Umschlägen, auf denen keine persönlichen Notizen zu sehen sind. Achtung: Amtliche gelbe bzw. blaue Umschläge gelten als Teil eines behördlichen Schreibens. Sie müssen sie zusammen mit dem eigentlichen Schreiben aufbewahren, auch wenn Sie dieses noch nicht gefunden haben. Packen Sie sie ein; sie gehören evtl. zu den bereits vorhandenen Dokumenten.

- Ignorieren Sie in dieser Runde zunächst auch Zeitschriften, Tageszeitungen sowie jede Art von persönlich an Ihre Eltern gerichteten Briefen, ausgefüllte Lottoscheine sowie Zettel, die offensichtlich persönliche Notizen enthalten. Hierunter fallen z. B. handschriftlich vermerkte PIN- oder Telefonnummern, Zahlenfolgen ohne Erklärung, Namen usw.
- Wenn Sie fertig sind, beschriften Sie den gefüllten Müllsack mit «Papier – entsorgen!» und stellen Sie ihn vorübergehend an Ihren Sammelplatz.
- Nehmen Sie eine Kiste zur Hand. Markieren Sie sie deutlich, z. B. als «Sammelbox für Notizen Eltern».
- Kümmern Sie sich jetzt um sämtliches Papier, das persönliche Notizen aufweist, und sammeln Sie es in der dafür bereitgestellten Kiste. Auch Dinge wie ausgefüllte Lottoscheine oder Lose gehören dort hinein. Positionieren Sie diese Kiste gut zugänglich, aber irgendwo an der Seite, wo sie nicht stört. Nehmen Sie sie später, wenn Sie noch weitere Funde in dieser Kiste abgelegt haben, mit nach Hause, um sie zu sortieren. Alles, was sich als unbedeutend entpuppt, können Sie dann entsorgen.
- Sind Ihnen dabei Dokumente in die Hand gefallen, die Sie seit Längerem suchen: freuen Sie sich über Ihren Fund!

- Zuletzt sammeln Sie sämtliche Zeitungen und Zeitschriften ein. Schütteln Sie auch diese aus. Sortieren Sie sie am dafür vorgesehenen Sammelplatz zu Stapeln mit gleichem Format. Sie sorgen damit für «optische Ruhe» und Überblick.
- Ignorieren Sie in diesem Schritt zunächst *bewusst angelegte Zeitschriftensammlungen.* Wenn Sie von deren Existenz wissen, befestigen Sie auf den entsprechenden Zeitschriftenstapeln am Sammelplatz einen Hinweis darauf (z.B. «Gehört zu Sammlung im Keller?!»). Kümmern Sie sich erst einmal nicht weiter darum. Für Ihren Anfangserfolg spielt eine solche Sammlung keine Rolle.

Aktualisieren Sie Ihre Aktivitätenliste

- Markieren Sie in Ihrer Aktivitätenliste als erledigt, was Sie in diesem Schritt geschafft haben. Klopfen Sie sich auch dann auf die Schulter, wenn das nur eine einzige Aufgabe gewesen sein sollte – hier geht es um *Klasse,* nicht um Masse.

Halten Sie Ihren Anfangserfolg fest

- Füllen Sie abschließend *Arbeitshilfe 5.1 – Anfangserfolg* aus; Stichworte reichen. Dieses Blatt brauchen Sie noch einmal ganz am Schluss im zwölften Schritt.

Überprüfen Sie kurz Ihr Elternhaus-Ziel

- Überfliegen Sie kurz Ihr Elternhaus-Ziel (Arbeitshilfe 2.1). Haben Sie das Gefühl, dass das, was Sie hier im fünften Schritt geschafft haben, zu dem passt, was Sie dort notiert haben?
- Wenn ja, freuen Sie sich. Sie sind offenbar auf dem richtigen Weg.
- Wenn nein, überlegen Sie kurz, was Sie im nächsten Schritt anders machen möchten. Sie haben dort direkt die Chance auszuprobieren, was Sie sich jetzt vornehmen.

Bevor Sie den nächsten Schritt in Angriff nehmen

Schauen Sie sich vor Ihrer Abfahrt nach Hause noch einmal in allen Räumen um. Ihr Elternhaus hat sich verändert. Einiges ist nicht mehr an seinem Platz. Da und dort klaffen erste Lücken, und sei es nur an ein, zwei Stellen im Keller. Wie geht es Ihnen damit? Spüren Sie Erleichterung, den Anfang geschafft zu haben? Beklemmung, weil Sie den Anfang vom Ende Ihres Elternhauses spätestens heute unwiderruflich eingeläutet haben? Überkommt Sie eine neue Welle von Trauer, weil es sich schon heute wie eine richtige Tortur angefühlt hat, obwohl es ja nur der Anfang war? Oder sind Sie einfach nur erschöpft und wollen in die Badewanne?

Es gibt hier kein Richtig und kein Falsch und nichts, was sein muss oder nicht sein darf. Mit Ihrem Anfangserfolg haben Sie den Start geschafft, von dem aus Sie Ihre nächsten Schritte gehen werden. Für den Moment bleibt Ihnen nur noch eines zu tun: Sorgen Sie für sich und wertschätzen Sie sich für Ihren Erfolg. Es ist keine Selbstverständlichkeit, was Ihnen mit diesem Schritt gelungen ist. Worauf immer Sie also am Ende dieses Tages Lust haben: Tun Sie es.

Empfehlungen zum Weiterlesen

Juchmann, Ulrike (2022): Selbstfürsorge in helfenden Berufen: Wie Achtsamkeit im Arbeitsalltag gelingt. Stuttgart.

Länger, Andrea (2022): Selbstfürsorge: Wie Sie eine gesunde Haltung zu sich selbst entwickeln. Freiburg i. Br.

Arbeitshilfe 5.1

Anfangserfolg

Mein Anfangserfolg
in meinem Elternhaus

Heute, am _____________________, habe ich Folgendes in meinem Elternhaus als erstes Thema erfolgreich erledigt:

____

____

____

____

____

Sechster Schritt
Ihre Vorgehensweise – Gut vorankommen, Schwierigkeiten überwinden

Hier im sechsten Schritt wählen Sie die für Sie passende Vorgehensweise und lernen das Räumen nach Kategorien im Detail kennen. Sie entwickeln Routinen und beginnen spätestens jetzt damit, Ihre potenziellen Helfer gezielt einzusetzen.

Das beschäftigt Töchter und Söhne gerade

Der Anfang war okay, und manches lief wirklich gut. Aber jetzt wird es schwierig, der rote Faden fehlt irgendwie. Im Haus fühlt es sich anders an als früher. Aber nach wie vor lauern an allen Ecken Erinnerungen und lenken Sie immer wieder ab. Dabei hatten Sie sich fest vorgenommen, nicht mehr so viel Zeit zu vertrödeln. Wie kommen Sie bloß endlich richtig «rein» ins Räumen? Und sollten Sie vielleicht doch gezielt Hilfe suchen?

Der sechste Schritt der Heldenreise ist geprägt von der Suche nach der Vorgehensweise, mit der der Held die Herausforderung meistern können wird. Einiges gelingt schon im ersten Anlauf und macht Mut. Aber vieles ist völlig fremd und neu. Das sorgt für Unsicherheit und Beklemmung. Erste Bewährungsproben wecken das Bedürfnis nach Hilfe und ganz praktischer Unterstützung.

Entdecken Sie Ihre Vorgehensweise

Räumen nach Kategorien, raumweises Vorgehen, erinnerungsgeleitetes Sich-treiben-Lassen: Diese und noch viele andere Vorgehensweisen führen alle irgendwann zum angestrebten Ziel. Auch hier: Es gibt kein Richtig oder Falsch, nur die Vorgehensweise, die zu Ihnen passt.

In diesem Schritt lernen Sie das Räumen nach Kategorien ausführlich kennen. Sie definieren Kategorien und suchen in jedem Raum nach Dingen, die sich ihnen zuordnen lassen. Sie stellen alles am Sammelplatz zusammen und entscheiden, was damit passieren soll. Ggf. entnehmen Sie noch einzelne Gegenstände als Erinnerungsstücke. Alles andere spenden, verkaufen, verschenken Sie – oder fahren es zum Recyclinghof. Das folgende Beispiel verdeutlicht Ihnen anhand einer Wohnung, wie zwei Menschen das Arbeiten nach Kategorien schnell umgesetzt und bis zum Ende für sich genutzt haben.

Der Mietvertrag oder: Wie Kategorien und Routinen die Arbeit erleichtern

Die ältere Dame sprudelt los, noch bevor wir uns richtig begrüßt haben. «Schauen Sie sich um, das ist doch Wahnsinn hier, oder? Ach, wollen wir nicht du sagen? Ich bin Renate. Diese Wohnung hier macht mich fertig. Dreimal hab ich schon diesen schrecklichen Mietvertrag gesucht, aber das Ding ist nirgendwo zu finden. Ich muss die Wohnung kündigen, Waltraud kann ja doch nie mehr hierher zurück.»

In Renates Blick spiegeln sich Unsicherheit, Schrecken und Ratlosigkeit. Mit knapp siebzig Jahren steht sie vor einer Aufgabe, die Panik in ihr auslöst. Hier geht es nicht um ihr Elternhaus, sondern um die Wohnung ihrer jüngeren Schwester Waltraud, die eine schwere Hirnblutung überlebt hat und seitdem ein Pflegefall ist. Sie wird nie wieder in ihre Wohnung zurückkehren können. Ob das, was ich an Ideen zum Elternhaus-Auflösen habe, auch in dieser Situation funktionieren wird?

Für Renate, seit Jahren verwitwet, ist das Schicksal ihrer Schwester ein Schock. Ihrer Tochter, die ebenfalls bei dem Treffen dabei ist, geht es nicht viel anders. «Wo hast du denn schon überall nachgeschaut?» «Ach, ich weiß nicht mehr, hier gibt es ja keine Ordner. Überall liegt Papier herum, aber ich weiß überhaupt nicht, was davon was ist. Und schau mal, da hängt noch ein Foto von unseren Eltern, ist das alt! Den Kühlschrank habe ich gestern leer gemacht – das war nicht schön, kann ich dir sagen!» So geht es in einem fort weiter. Ganz offensichtlich muss sie sich ihren Frust und ihre Angst erst einmal von der Seele reden.

Irgendwann versiegt ihr Redestrom und ich schlage vor: «Also, ihr beide geht jetzt ins Schlafzimmer und macht alle Schranktüren auf, holt jeden Fitzel Papier raus und bringt ihn hier zum Couchtisch. Ich schaue alles genau durch. Vielleicht haben wir ja Glück und finden den Mietvertrag doch noch. Okay?»

Die beiden verschwinden im Schlafzimmer. Vorhin beim ersten Rundgang durch die kleine, vollgestellte Wohnung waren mir jede Menge Zeitungen, Dokumente, Mappen, leere Umschläge und Notizen aufgefallen, die überall herumlagen. Aber Ordner: Fehlanzeige.

Mit ein paar Griffen raffe ich Zeitungen und Papiere vom Wohnzimmertisch zusammen und lege sie auf die Couch; noch haben wir keinen Sammelplatz eingerichtet. Aus dem Schlafzimmer höre ich verwundertes Gemurmel. Es dauert nicht lange, da bringen die beiden die ersten Stapel zum Couchtisch. «Sogar unter den Strümpfen, das kann doch nicht wahr sein!» Renate schüttelt fassungslos den Kopf und geht zurück ins Schlafzimmer. Ich beginne, die Stapel durchzusehen. «Papierkram» gehört ganz offensichtlich nicht zu Waltrauds Lieblingsbeschäftigungen. Nichts ist geordnet, viele Dokumente sind verknittert, eingerissen oder weisen Flecken auf. Ich konzentriere mich, schalte innerlich meinen Tunnelblick ein. Die Wörter «Vertrag» oder «Mietvertrag» auf (hoffentlich) A4-Papier sind jetzt alles, was zählt.

Vor mir liegen Versicherungsurkunden, Werbebeilagen aus Tageszeitungen, alte Briefe, Fotos, ausgefüllte Kreuzworträtsel. Ich bilde Stapel. Einige Zettel lege ich separat zur Seite. Sie enthalten unterschiedliche mehrstellige Zahlenkombinationen – vielleicht PINs und Zugangsdaten für Konto, Handy oder Online-Kundenkonten?

Renate und ihre Tochter kommen mit den letzten Fundstücken zurück ins Wohnzimmer: «Im Schlafzimmer ist nichts mehr, da haben wir alles durch. Wir machen jetzt hier im Wohnzimmer weiter.» Schweigend arbeiten wir uns durch fremde Papiere, für mich auch ein fremdes Leben. Ich kippe eine bis obenhin mit Papier gefüllte Jutetasche vor mich auf den Tisch und mache weiter. Plötzlich stutze ich: Ein eng mit Schreibmaschine geschriebener Text, ganz oben Waltrauds Name. Ich fange an zu lesen, beginne noch einmal von vorn. Diese Art der Eingangsformulierung für einen Mietvertrag ist mir noch nie begegnet, aber die Adresse stimmt; das muss er sein. «Renate, schau mal, ist er das?» Renate beginnt, den Text halblaut vorzulesen. Ein Strahlen geht über ihr Gesicht. «Das ist er!» Ein Stein scheint ihr vom Herzen zu fallen und gleich noch ein zweiter: «Guck mal, nur drei Monate Kündigungsfrist, Gott sei Dank!»

Renate sprüht mit einem Mal geradezu vor Tatendrang. «Was machen wir als Nächstes?» «Lasst uns den kleinen Flur komplett leer machen, da ist nicht viel. Ihr braucht den Platz später zum Abtransport für Müllsäcke, Kisten usw.»

Am Abend ist der Flur leer und Renate fest entschlossen, zu Hause gleich noch die Kündigung der Wohnung zu schreiben. Bevor wir uns verabschieden, schlage ich den beiden noch ein paar nächste Schritte vor und erkläre ihnen das Prinzip dahinter, das

Räumen nach Kategorien: Zuerst persönliche Notizen und Briefe zusammensammeln. Anschließend die Familienfotos von den Wänden nehmen und in eine Kiste legen. Dann alle künstlichen Pflanzen aus der Wohnung schaffen. Hinterher alle Dekofiguren. Und so weiter. Sie nicken: «Das probieren wir aus.»

In den folgenden drei Monaten bin ich noch einige Male in der Wohnung, gebe den beiden weitere Tipps und helfe an einigen Stellen beim Zusammenpacken. Mich beeindruckt, wie systematisch die beiden vorgehen und dass die Wohnung bei jedem meiner Besuche deutlich leerer ist als beim Besuch davor. Nach drei Monaten und insgesamt fünf großen Räumaktionen vor Ort ist die Wohnung leer und Renate so zufrieden, wie das den Umständen entsprechend möglich ist. Ihre Schwester ist und bleibt ein betreuungsintensiver Pflegefall, aber ihr geht es inzwischen etwas besser.

Die Vorgehensweisen: (M)Eine Empfehlung und zwei Alternativen

Ich lege Ihnen das Vorgehen nach Kategorien sehr ans Herz, weil es viele Vorteile aufweist, durch die Sie spürbar vorankommen. Wenn Sie sich jedoch stärker von einer der anderen Methoden angezogen fühlen, wenden Sie diese an. Alle Hinweise und Empfehlungen in den nachfolgenden Schritten sind auch dann nützlich.

Erinnerungsgeleitetes Räumen

Hierbei gehen Sie ohne jeden Plan vor und lassen sich treiben. Diese Vorgehensweise «passiert» den meisten Töchtern und Söhnen eher, als dass sie sie gezielt wählen: Sie planen nicht, was sie in ihrem Elternhaus tun wollen, sondern lassen sich von ihren persönlichen Erinnerungen beim Anblick der elterlichen Dinge leiten. Diese Vorgehensweise ist emotional sehr intensiv und braucht viel

Zeit. Sie ist für Menschen geeignet, die bewusst einen langsamen und umfassenden Abschied von ihrem Elternhaus erleben wollen, bei dem die eigenen Gefühle und Erinnerungen an erster Stelle stehen. Für Menschen allerdings, die es etwas strukturierter mögen, dabei aber nicht gefühllos vorgehen wollen oder die schlicht und ergreifend nicht unbegrenzt Zeit haben, ist sie eine echte Herausforderung, die ihnen häufig recht schnell über den Kopf wächst.

Raum für Raum

Bei dieser Methode räumen Sie in Ihrem Elternhaus einen Raum nach dem anderen leer. Sie können sofort damit starten und diese Vorgehensweise ausprobieren, denn mit dem Ausfüllen der *Arbeitshilfe 3.1 – Aktivitätenliste Raum für Raum* haben Sie die notwendigen Voraussetzungen hierfür bereits erledigt.

In welchem Raum fällt es Ihnen am leichtesten, mit dem Sortieren und Räumen zu starten? Beginnen Sie dort. In Arbeitshilfe 3.1 haben Sie notiert, was dort zu tun ist. Arbeiten Sie das ab. Entscheiden Sie, mit welchem Raum Sie als Nächstes weitermachen wollen. Kommen Sie gut mit dieser Vorgehensweise zurecht, spricht nichts dagegen, dass Sie bis zum letzten Raum auf diese Art und Weise vorgehen.

Meine Empfehlung: Räumen nach Kategorien

Beim «Räumen nach Kategorien» konzentrieren Sie sich immer nur auf jeweils eine einzige Gruppe von Gegenständen, unabhängig davon, ob diese nur in einigen oder aber in allen Räumen vorhanden sind. Bei dieser Vorgehensweise tragen Sie die entsprechenden Dinge nach und nach an einem zentralen Ort im Haus oder an Ihrem Sammelplatz zusammen und entscheiden über deren Verbleib. Ggf. verpacken Sie sie anschließend an Ihrem Sammelplatz, um sie bei nächster Gelegenheit z. B. zu verschenken oder zu spenden. Genau das haben Sie gerade im fünften Schritt ausprobiert und damit Ihren Anfangserfolg erzielt. Die Vorteile des Räumens nach Kategorien sind offensichtlich:

1. Sie bekommen Orientierung und Struktur.
2. Sie entscheiden immer nur über eine Gruppe von Gegenständen. Das erleichtert es Ihnen, sich zu konzentrieren.
3. Sie bereiten sich schon zu Hause gezielt auf die nächste anstehende Kategorie vor und wissen damit, was Ihnen organisatorisch wie emotional im Elternhaus bevorsteht.
4. Es bleibt Ihnen Raum für Erinnerungen und Empfindungen, aber Sie «steuern» Ihre Belastung selbst und bewusst.
5. Sie vermeiden unnötiges Chaos in Ihrem Elternhaus.
6. Sie erleichtern sich das Entscheiden.
7. Sie vereinfachen die Auswahl und das Verteilen von Erinnerungsstücken.

Beginnen Sie bei dieser Vorgehensweise mit den Dingen, die Ihnen persönlich nichts bedeuten, die eventuell unbrauchbar oder kaputt und außerdem leicht zu transportieren sind. Von dort aus wagen Sie sich schrittweise auch an die emotional schwierigeren oder solche Themen heran, in denen es z.B. um finanziell wertvolle Gegenstände geht. Es ist ein bisschen wie beim Lernen eines Musikinstruments: Anfänger üben erst einmal einfache Tonleitern, um dann später auch schwierige Stücke bewältigen zu können.

Verzweifeln Sie nicht an den notwendigen Entscheidungen

Zum Gelingen aller drei gerade dargestellten Vorgehensweisen trägt wesentlich Ihre persönliche Entscheidungskraft bei; zu diesem Begriff kommen wir im siebten Schritt noch mal. Tun Sie hier im sechsten Schritt für einen Moment einfach so, als hätten Sie das Problem «Wie entscheide ich richtig»? schon gelöst. Damit können Sie sich erst einmal darauf konzentrieren, die für Sie passende Vorgehensweise auszuwählen.

Eine besondere Kategorie: Sammlungen

Sammlungen, zumal wertvolle, sind eine besondere Kategorie, um die Sie sich am besten kümmern, bevor Sie die weniger wichtigen Dinge in Angriff nehmen. Was wertvoll in diesem Zusammenhang meint, liegt dabei zumeist im Auge des Betrachters. Wenn Ihre Eltern zu den Menschen gehören, die tatsächlich Dinge von besonderem Wert gesammelt haben (hochpreisige Armbanduhren, wertvollen Schmuck, Bilder eines bekannten Malers, alte Bücher, antike Münzen o.Ä.), sollten Sie diese Wertgegenstände wie alle anderen – soweit noch nicht geschehen – spätestens jetzt aus dem Haus entfernen. Wenn möglich, lagern Sie eine Sammlung als Ganzes bei sich zu Hause oder ggf. in einem Safe oder Bankschließfach. Vielleicht können Sie Schmuck auch bei dem Juwelier lagern, von dem Sie wissen, dass Ihre Eltern ihn dort erworben haben. Machen Sie sich darauf gefasst, dass missgünstige Geschwister vielleicht mit Ihnen darüber streiten, wer diese Dinge an sich nehmen und vorübergehend lagern soll. Bieten Sie ggf. an, die entsprechende Sammlung fotografisch zu dokumentieren und allen diese Fotos zur Verfügung zu stellen. Wichtig ist an dieser Stelle, dass die wertvollen Stücke bei Ihren nächsten Aktivitäten in Haus oder Wohnung nicht beim Räumen unabsichtlich beschädigt oder «unter die Räder» kommen können.

Im doppelten Sinn des Wortes: Die «Schlüssel»-Kategorie

Haben Sie bisher bereits Zugang zu allen Räumen gehabt, oder fehlten hier und da Zimmer-, Keller- oder auch Garagenschlüssel? Haben Sie vielleicht Schlüssel gefunden, die Sie bisher nicht zuordnen konnten?

Arbeitshilfe 6.3 – Schlüssel vermittelt Ihnen einen Eindruck davon, wie viele unterschiedliche Schlüssel-Arten theoretisch in Ihrem Elternhaus auftauchen und vielleicht noch wichtig werden können. Sie finden dort außerdem ein paar weitere wichtige Gründe, warum Sie das Thema Schlüssel spätestens ab jetzt und bis zum Abschluss der Arbeit in Ihrem Elternhaus bewusst im Blick haben sollten. Schauen Sie sich den Haustürschlüssel genauer an, den Sie benutzen. Ist er nummeriert? Dann gehört er sehr wahrscheinlich zu einer Schließanlage. Wenn Ihren Eltern Haus oder Wohnung gehören/gehört haben, sollte Ihnen irgendwo im Haus die dazugehörige Sicherheitskarte in die Hand fallen. Ggf. müssen Sie gezielt danach suchen, denn nur mit ihr können Sie weitere Schlüssel bei einem Schlüsseldienst anfertigen lassen. Für nicht nummerierte Schlüssel brauchen Sie eine solche Karte nicht. Handelt es sich um ein Mietobjekt, liegt die Sicherheitskarte beim Vermieter. Sollten Sie Schlüsselkopien anfertigen lassen wollen, geht das nur über ihn.

Nutzen Sie *Arbeitshilfe 6.3 – Schlüssel*, um alle fehlenden Exemplare einzutragen. Das können Schlüssel für Zimmer, Wohnungs- oder Haustüren, aber auch andere wichtige Exemplare sein, wie z. B. für den Tresor im Keller oder den Schreibtisch Ihres Vaters. An alle diese Dinge müssen Sie bei der Arbeit in Ihrem Elternhaus irgendwann heran.

Wenn Sie bei dieser «Puzzle-Arbeit» gerade innerlich aufstöhnen, denken Sie an Ihre möglichen Helfer: Wen haben Sie in *Arbeitshilfe 4.3 – Helfer und Talente* als möglichen Aufspür-Helfer notiert? Wäre diese Person geeignet, um Sie in Ihrem Elternhaus von der Suche nach Schlüsseln zu entlasten? Wenn ja, zögern Sie auch hier nicht, ihn oder sie um Hilfe zu bitten.

Und wenn die anderen nicht mitspielen? Tipps für den Umgang mit Ihren Bedeutsamen Anderen

Oft torpedieren Geschwister oder sonstige Bedeutsame Andere erst einmal alle Vorschläge, wie man im Elternhaus vorgehen könnte. An dieser Stelle kommen alle Begehrlichkeiten mit Macht hoch, was Erinnerungsstücke und das «Übernehmen» von bestimmten Gegenständen betrifft. Und vielleicht ist Ihnen selbst auch danach, erst einmal die emotional wichtigen und die wertvollen Dinge zu bergen. Wenn Sie das nicht bereits in einem früheren Schritt (ggf. gemeinschaftlich) erledigt haben, kann jetzt der richtige Zeitpunkt dafür sein.

Wenn Sie sich untereinander gut verstehen, kann die Abstimmung darüber, wer was bekommt, reibungslos und in Harmonie miteinander über die Bühne gehen. In den allermeisten Fällen jedoch bietet dieses Thema jede Menge Gelegenheit für zum Teil heftigen Streit untereinander. Das Räumen nach Kategorien kann dabei helfen, diesen Streit zu vermeiden. Der Grund: Bei dieser Vorgehensweise wird deutlich, dass und wie viele Dinge es gibt, die wirklich einen Erinnerungswert haben. Wenn Sie stattdessen Raum für Raum vorgehen, kann schnell ein Gefühl von Gehetzt-Sein entstehen: Die anderen haben schon drei Dinge, aber was ist mit mir?

Wenn Sie also nicht allein handeln können, ist hier eine gute Vorbereitung besonders wichtig. Machen Sie sich gründlich mit dem Räumen nach Kategorien vertraut, bevor Sie Ihren Bedeutsamen Anderen diese Vorgehensweise vorschlagen. Auch die unten zu findende Anleitung hilft Ihnen dabei.

Lehnen Ihre Gegenüber die Vorgehensweise ab, fragen Sie sie nach ihren Gründen dafür. Was immer Sie als Antwort hören: Versuchen Sie Verständnis für diese Haltung aufzubringen, auch wenn es Ihnen schwerfällt. In dieser Situation können sachliche

Argumente erst dann etwas bewirken, wenn Ihr Gegenüber bereit ist, sich dafür zu öffnen. Das passiert jedoch nur, wenn Sie zuvor dessen Haltung nicht in Grund und Boden kritisiert haben.

Kommen Sie an dieser Stelle gar nicht weiter, schlagen Sie vor, unterschiedliche Vorgehensweisen miteinander zu kombinieren. Probieren Sie aus, ob es funktioniert, dass Sie selbst zwar nach Kategorien vorgehen, jemand anderes sich aber ausschließlich auf einen Raum konzentriert.

Vielleicht braucht es diesen Moment und ein paar Anmerkungen von Ihnen zu Ihrem Vorgehen, damit Ihr Gegenüber die Vorteile des Räumens nach Kategorien sofort erkennt. Dann können Sie sich möglicherweise doch noch auf ein gemeinsames Vorgehen verständigen.

Anleitung und Arbeitshilfen

Anleitung «Räumen nach Kategorien»

Vorab zu Hause

- Schauen Sie alle Blätter Ihrer *Arbeitshilfe 3.1 – Aktivitäten* durch. Entdecken Sie gleiche oder ähnliche Dinge, die in mehreren Räumen vorkommen? Sind dies Dinge, die Sie selbst und / oder ein Helfer mühelos von A nach B tragen könnten? Ignorieren Sie an dieser Stelle große, schwere Möbel, Geräte und Teppiche.
- Markieren Sie alle diese Zeilen mit einem Kreuz in der Spalte «Auch in anderen Räumen?» ganz rechts auf der Arbeitshilfe.
- Versehen Sie diese Dinge mit einem Oberbegriff. Anders gesagt: Fassen Sie diese Dinge in einer Kategorie zusammen. Die Bezeichnung bestimmen Sie selbst. Notieren Sie die Kategorien in *Arbeitshilfe 6.1 – Kategorien.*
- Wenn Ihnen zunächst die Phantasie für passende Kategorien fehlt, denken Sie an die Warengruppen von Online-Versand-

händlern. Zögern Sie nicht, bei Bedarf Begriffe daraus zu übernehmen, die nicht zu allgemein und nicht zu detailliert sind.

Zwei Beispiele:

1. Sofakissen, Kuscheldecken, Tischdecken, Sets, Platzdeckchen usw. fassen Sie z. B. mit dem Oberbegriff «Wohntextilien» zusammen.
2. Mit der Kategorie «Dekoration» fassen Sie alles zusammen, was in mehreren Räumen an kleinen Vasen, Kerzenhaltern, Schälchen oder Tierfiguren zu finden ist und das nicht zu einer wertvollen Sammlung gehört, die Sie vielleicht später als Ganzes verkaufen oder verschenken wollen.

- Bilden Sie weitere Kategorien so, wie Sie sie Ihnen sinnvoll erscheinen. Wenn Ihnen eine Kategorie bei genauerer Betrachtung zu groß vorkommt, teilen Sie sie auf und bilden Sie neue Kategorien.
- Wählen Sie nun eine Kategorie aus Ihrer soeben erstellten Kategorien-Liste aus, die Sie als erste in Ihrem Elternhaus angehen wollen. Fangen Sie mit etwas an, das Ihnen leicht von der Hand geht.
- Legen Sie *Arbeitshilfe 4.3 – Helfer und Talente* neben die soeben erstelle Kategorien-Liste (Arbeitshilfe 6.1). Wen haben Sie in Arbeitshilfe 4.3 in der Zeile «Sortier-Helfer» notiert? Entscheiden Sie spontan, ob Sie die ausgewählte Kategorie lieber allein oder zusammen mit dem entsprechenden Helfer angehen wollen und bitten Sie die Person um Hilfe.
- Besorgen Sie alles, was Sie brauchen, um die Dinge aus dieser Kategorie zu verpacken und eventuell auch abzutransportieren. Nutzen Sie hierzu *Arbeitshilfe 3.2 – Grundausstattung* und ergänzen Sie bei Bedarf fehlendes Material.
- Legen Sie eine Kunststoffkiste mit Deckel bereit, die Sie mit in Ihr Elternhaus nehmen und in der Sie alle Schlüssel sammeln, die Ihnen in die Hände fallen.
- Nehmen Sie alle Arbeitshilfen in Ihr Elternhaus mit, damit Sie

jederzeit etwas nachschauen oder an der richtigen Stelle notieren können.

Vor Ort

- Sammeln Sie alle Schlüssel, die Ihnen als «Zufallsfunde» beim Räumen in die Hände fallen, in der dafür mitgebrachten Kiste. Stellen Sie sie in die Nähe Ihres Sammelplatzes, um alle «herrenlosen» Schlüssel direkt dort ablegen zu können. Wenn Sie später für irgendein Schloss den passenden Schlüssel suchen, schauen Sie als Erstes in dieser Schlüsselbox nach.
- Konzentrieren Sie sich nur auf die ausgewählte Kategorie. Trainieren Sie bewusst Ihren Tunnelblick. Wenn Ihnen etwas ins Auge fällt, das nichts mit der von Ihnen gerade bearbeiteten Kategorie zu tun hat, sprechen Sie folgenden Satz laut aus: «Nein, das lasse ich jetzt liegen – das mache ich erst später!» Sprechen Sie ihn wirklich laut aus, auch wenn sich das zunächst merkwürdig anfühlt. Sie werden merken, dass Ihnen das dabei hilft, sich wieder zu konzentrieren, und zwar mehr, als wenn Sie diesen Satz nur denken.
- Räumen Sie bei Bedarf Ihren schon vorhandenen Sammelplatz vorübergehend in einen anderen, geeigneten Raum, damit Sie ohne Umwege arbeiten können.
- Tragen Sie alle Dinge zusammen, die zur von Ihnen gewählten Kategorie gehören.
- Entscheiden Sie, was Sie damit tun wollen. Wie schon erwähnt: zum Thema Entscheiden kommen wir gleich im siebten Schritt. Gehen Sie hier für den Moment davon aus, dass Sie einfach und ohne Probleme entscheiden können.
- Packen Sie zuerst die Dinge ein, die Sie entsorgen wollen, und bringen Sie sie, wenn möglich, direkt zu Ihrem vor dem Haus stehenden Container oder zum Recyclinghof. Alternativ «parken» Sie sie provisorisch an Ihrem Sammelplatz und entsorgen sie später.
- Verpacken Sie nun alles, was Sie spenden oder verkaufen wol-

len. Markieren Sie diese Säcke oder Kisten *unbedingt* mit einem entsprechenden Vermerk, um sie später nicht versehentlich mit den Säcken zu verwechseln, die Sie entsorgen wollen.

- Jetzt sollten nur noch wenige Verlassenschaften aus dieser Kategorie am Sammelplatz vor Ihnen stehen, bei denen Sie unentschieden sind – oder die Ihnen jetzt erst als potenzielle Andenken auffallen. Wenn Sie feststellen, dass es (weitere) Erinnerungsstücke für Sie sind, verpacken Sie diese Dinge und nehmen Sie sie mit nach Hause. Wenn sie Ihnen zu schwer zum Tragen sind, lassen Sie sie zunächst stehen und vermerken Sie in einer neuen Zeile Ihrer Aktivitätenliste, was damit geschehen soll.
- Wenn Sie alles erledigt haben, haken Sie auf *Arbeitshilfe 6.1 – Kategorien* die gerade bearbeitete Kategorie als erledigt ab. Wenn Sie nicht fertig geworden sind, machen Sie beim nächsten Mal einfach mit dieser Kategorie weiter und schließen Sie sie ab. Fangen Sie vorher keine neue an.
- Nehmen Sie sich besonders am Anfang nicht zu viel vor und geben Sie sich Zeit für aufkommende Erinnerungen und Gefühle. Es ist für Ihr weiteres Vorankommen wichtig, immer wieder *eine* Kategorie wirklich *bis zum Ende* bearbeitet zu haben. Nur so bekommen Sie ein dauerhaft gutes Gefühl für diese Vorgehensweise und sind bereit, sich dabei hilfreiche Routinen anzueignen.

Entwickeln Sie hilfreiche Routinen

- Gewöhnen Sie sich bestimmte Handgriffe an, die Sie vor, während und nach jedem Aufenthalt in Ihrem Elternhaus ausführen. Diese Routinen helfen Ihnen dabei, Sicherheit darin zu gewinnen, an alles gedacht zu haben. Die Arbeit wird dadurch überschaubarer und geht Ihnen leichter von der Hand.
- Prüfen Sie hierzu, welche der in *Arbeitshilfe 6.2 – Elternhaus-Routinen* genannten Handgriffe für Sie hilfreich und pas-

send sind. Ignorieren Sie alle, die Ihnen nicht zusagen. Fügen Sie solche hinzu, die für Ihre individuelle Situation außerdem noch nützlich sind.

Zu guter Letzt: Aktualisieren Sie Ihre Aktivitäten- und Kategorienliste sowie Ihre Helferliste

- Wenn Sie sich für das Arbeiten nach Kategorien entscheiden, arbeiten Sie ab jetzt bis zum Ende mit zwei Listen, und zwar mit Arbeitshilfe 3.1 – Aktivitätenliste, in der Sie alles raumweise notiert haben, was jeweils zu tun ist, sowie mit Arbeitshilfe 6.1 – Kategorien, die Sie mit solchen Aufgaben aus der Aktivitätenliste befüllen, die in mehreren Räumen auf Sie warten. Sollte das Vorgehen nach Kategorien aus welchen Gründen auch immer bei irgendeinem Thema nicht klappen, können Sie dank Ihrer Aktivitätenliste jederzeit vorübergehend oder endgültig auf das Räumen Raum für Raum umschwenken. Mit beiden Listen zusammen bleiben Sie flexibel, was Ihre Vorgehensweise betrifft.
- Aktualisieren Sie ab jetzt nach jedem weiteren Schritt immer beide Listen. Diesen Hinweis finden Sie auch in Arbeitshilfe 6.2. Ich führe ihn daher in den folgenden Schritten nicht mehr gesondert auf.
  Markieren Sie in beiden Listen alle Aufgaben als erledigt, die Sie geschafft haben. Bewahren Sie auch Seiten auf, von denen Sie alle Punkte erledigt haben. Sie brauchen sie noch einmal im zwölften Schritt.
- Streichen Sie in *Arbeitshilfe 4.3 – Helfer und Talente* Namen von Menschen, die keine Hilfe leisten möchten oder mit denen Sie keine guten Erfahrungen gemacht haben, und fügen Sie ggf. neue Namen hinzu. Passen Sie diese Liste bei Bedarf immer wieder an.

Literatur-Empfehlung

Uschmann, Oliver; Witt, Sylvia (2015): Bis zum Schluss: Wie man mit dem Tod umgeht, ohne verrückt zu werden. München. (Hier besonders das Kapitel «Das Sichten der Dinge».)

Arbeitshilfe 6.1

Kategorien

Nr.	Kategorie und Stichworte dafür	Mögliche Helfer?	Erledigt ?
Weitere Seite für Kategorien? *(Setzen Sie rechts ein Kreuzchen, wenn Sie ein weiteres Blatt für Ihre Kategorien anlegen)*			

Arbeitshilfe 6.2

Elternhaus-Routinen 1/3

Routinen *vorab von zu Hause aus*	**Erledigt?**
Kategorie / Raum gewählt?	
Gezielte **Arbeits-Unterstützung** organisiert? Mit Blick auf gewählte Kategorie *Arbeitshilfe 4.3 – Helfer und Talente* überprüft? Um Unterstützung gebeten? Vereinbarung?	
Zusätzliche Materialien für diese Kategorie bzw. diesen Raum beschafft? Besorgen Sie das rechtzeitig. Verlassen Sie sich nicht darauf, dass es am Morgen Ihrer Anreise im nächstgelegenen Baumarkt verfügbar sein wird.	
Verpflegung vorbereitet? Fastfood aus der Dönerbude um die Ecke ist eine schnelle Lösung, liefert aber auf Dauer nicht wirklich für die Energie, die Sie gut durch den Tag kommen lässt.	
Wichtige Tools eingepackt? Handy? Ggf. Tablet? Ladekabel? Klemmmappe mit allen Arbeitshilfen? Aktivitätenliste? Hausschlüssel? Bei Aufenthalten mit Übernachtung: Kleidung zum Wechseln und Waschzeug? Ggf. strapazierfähige Kleidung für die Arbeit vor Ort? Sonstige persönlich wichtige Dinge?	

Arbeitshilfe 6.2

Elternhaus-Routinen 2/3

Routinen *im Elternhaus*	Erledigt?
Persönliche Dinge am Platz «wie immer» abgelegt?	
Nachbarn ggf. über anstehende ungewöhnliche Aktivität informiert?	
Alle(!) **Säcke / Kisten** eindeutig beschriftet?	
Sammelplatz nach Arbeit aufgeräumt?	
Container vor Haus geprüft: Wechsel nötig? (Wenn voll, ggf. Vorhängeschloss entfernen, wird sonst beim Wechsel mitentsorgt!)	
Aktivitätenliste aktualisiert?	
Kategorienliste aktualisiert?	
Vor Abfahrt: Licht aus? Fenster zu? Alle Schlüssel dabei?	
Persönliche Dinge wieder eingepackt?	

Arbeitshilfe 6.2

Elternhaus-Routinen 3/3

Routinen *nach der Arbeit wieder von zu Hause aus*	Erledigt?
Falls noch nicht geschehen: **Aktivitätenliste** aktualisiert?	
Falls noch nicht geschehen: **Kategorienliste** aktualisiert?	
Falls **Containertausch** nötig: Termin abgesprochen? (Seien Sie wenn möglich beim Austauschtermin anwesend, damit Sie ggf. einen neuen Standort festlegen und das Vorhängeschloss neu anbringen können.)	
Bei Bedarf **Helfer-Liste** um notwendige Hilfe und mögliche Helfer ergänzt?	
Nicht übergehen: Zeit für eigene Erholung genommen?	

Arbeitshilfe 6.3

Schlüssel

Nr.	Art des gesuchten Schlüssels	Gefunden?
	Beispiel: Kellerausgangstür neben Werkstatt (Schlüssel für Kellerausgang durch Waschküche passt nicht)!	
Weitere Zeilen für Schlüssel? *(Setzen Sie rechts ein Kreuzchen, wenn Sie ein weiteres Blatt für fehlende Schlüssel anlegen)*		

Arbeitshilfe 6.3

Schlüssel – *Beispiele*

Folgende Schlüssel könnten fehlen (je nach Elternhaus)

- Haus und ggf. Wohnungstür
- Garage, Schuppen, Gartenhäuschen usw.
- Briefkasten (Achtung: ggf. bei eingebauter Klingel auf zusätzlichen «Technik-Schlüssel» achten!)
- Zimmertüren, Keller- / Dachbodentüren
- abschließbare Fenster und Dachluken
- Schrank- / Vitrinentüren sowie Schubladen aller Art
- Tresor (auch sog. Büchertresore, siehe dritter Schritt)
- Geld- / Schmuckkassette
- Vorhängeschlösser
- abschließbarer Musikinstrumenten-Kasten
- abschließbares Tagebuch
- Schlüssel zu abschließbarem Kinderspielzeug (z. B. alter Puppenkleiderschrank, der im Keller liegend von den Eltern möglicherweise als Versteck für Wertvolles genutzt wurde, weil «darauf ein Einbrecher doch niemals kommt» ...)
- Auto, Motorrad, Fahrrad, Camper, Wohnwagen inkl. dazugehöriger zusätzlicher Sicherheitsschlösser
- Kleingarten, externes Atelier o. Ä.
- Zweit- oder Ferienwohnung(en)

Evtl. finden Sie Schlüssel, die Sie zurückgeben sollten / müssen, z. B.

- zur Nachbars-Wohnung («zur Sicherheit» bei Ihren Eltern hinterlegt)
- zu Vereinsheim oder anderen Räumlichkeiten, z. B. bei ehrenamtlicher Tätigkeit
- zu ehemaligen beruflichen Orten wie z. B. Büros, zu denen die Schlüssel einst nicht zurückgegeben wurden

Sie finden Schlüssel, die Sie nicht zuordnen können? Heben Sie sie ein Jahr lang auf. Ihnen unbekannte Besitzer könnten sich ggf. später noch melden.

Siebter Schritt
Ihre Entscheidungen – Das schwerste Thema meistern

Der siebte Schritt hilft Ihnen dabei, Entscheidungen zu fällen. Alles, was Sie hier brauchen, ist die Bereitschaft, Ihre Gefühle und Ihren Verstand auf kluge Art und Weise gleichzeitig «Ja» sagen zu lassen.

Das beschäftigt Töchter und Söhne gerade

Sie müssen entscheiden. Immer wieder. Wer weiß schon, was wirklich richtig wäre? Zögern und Scheu machen sich breit: «Ich kann doch nicht einfach ...?!»

Die Dinge, die Ihnen wirklich etwas bedeuten, sind schnell gefunden. Da fällt es leicht, die Seele atmet auf, auch wenn der Verstand den Kopf schüttelt. Vieles möglichst noch verkaufen: Lohnt sich die Mühe? Und wenn nicht, was dann? Die liebevoll angelegte Sammlung – hat sie einen Wert, und wenn ja, für wen? Und was, wenn Sie später doch einmal Ihre Entscheidungen bereuen? Bleierne Müdigkeit macht sich breit, wenn Sie nur daran denken. Und vor allem: Was würden die Eltern wohl zu dem sagen, was Sie hier gerade tun?

Nun sind Mut und Durchhaltewillen gefragt. Das, was bis hierher geschehen ist, war «nur» die Vorbereitung für das, was dem Helden jetzt bevorsteht. Was nun zählt, sind Selbstvertrauen und Besonnenheit. Durchsetzungskraft, aber auch Achtsamkeit führen zum Erfolg.

Der Moment, um den sich alles dreht: Entscheidungen fällen

Mit dem Entscheiden ist es so eine Sache. Die einen trauen sich nicht und geraten irgendwann in üble Zeitnot. Die anderen scheinen geradezu darauf gewartet zu haben, mit entschlossener Miene dieses hierhin und jenes dorthin zu verschenken – bloß weg mit dem alten Kram. Und dann gibt es noch die, die in dieser Situation beide Seiten kennenlernen: Eigentlich können sie leicht auch wichtige Entscheidungen fällen, bemerken aber erstaunt, dass ihnen genau das in ihrem Elternhaus nicht zu gelingen scheint. Allen gemeinsam, und damit natürlich auch Ihnen, ist klar, dass Sie mit Verschieben, Herumlavieren und Sich-Drücken niemals zu klugen Entscheidungen kommen. Erinnern Sie sich für einen Moment an Ihr Ziel, das Sie im zweiten Schritt notiert haben. Würde es zu diesem Ziel passen, möglichst viele Entscheidungen klar und eindeutig zu fällen, ohne sich hinterher in schlaflosen Nächten zu fragen, ob Sie etwas falsch gemacht haben? Kommen wir also direkt zur Sache:

- Falls Sie gerade erst angefangen haben, vermittelt Ihnen dieser Schritt ein klares Gefühl dafür, wie Sie das Thema Entscheiden ab jetzt in den Griff bekommen.
- Wenn Sie noch mitten im Auflösen stecken, aber schon eine Reihe von Entscheidungen getroffen haben, stärkt dieser Schritt Ihre Kraft für alle noch anstehenden Entschlüsse.
- Und wenn Sie inzwischen vor den großen und wirklich schwierigen, bisher aufgeschobenen Entscheidungen stehen, hilft Ihnen der siebte Schritt dabei, sie jetzt überlegt und aus dem Gefühl heraus zu treffen, dass es für Sie stimmig ist, was Sie tun.

«Ich kann das einfach nicht!»

Doch, Sie können. Sie können entscheiden, sogar über die Dinge in Ihrem Elternhaus. Sie haben das schon mehrfach unter Beweis gestellt. Erinnern Sie sich an die letzten Schritte.

Ihre Entscheidung im zweiten Schritt, mit einem Experten zu sprechen: Dafür haben Sie ggf. Dokumente aus Ihrem Elternhaus entfernt. Ihr Anfangserfolg im fünften Schritt mit den ersten Säcken im Container vor Ihrem Elternhaus. Im sechsten Schritt haben Sie entschieden, welche Vorgehensweise Sie in Ihrem Elternhaus verfolgen wollen. In jedem dieser Schritte haben Sie schon mehrere Male bewiesen, dass Sie über die Dinge Ihrer Eltern entscheiden *können*. Und dass Sie diese Entscheidungen auch *umsetzen*. Hadern Sie nun nicht damit. Sie haben es richtig oder zumindest so gut gemacht, wie es Ihnen möglich war.

Wenn Ihnen Entscheidungen scheinbar abgenommen werden

Manchmal fragen Nachbarn, alte Freunde der Eltern oder andere Personen aus deren Umfeld mehr oder weniger zurückhaltend an, ob sie bestimmte Dinge aus Ihrem Elternhaus bekommen könnten. Diese Anfragen sind sehr verlockend, weil Sie die betreffenden Gegenstände loswerden und keine Arbeit mehr damit haben würden.

Da Sie die Intention der Fragenden erst einmal nicht kennen, sollten Sie solche «Übernahmeangebote» auf jeden Fall mit Vorsicht genießen, insbesondere dann, wenn Sie nicht allein entscheiden können. Bitten Sie um Bedenkzeit. Klären Sie ggf. erst einmal mit Ihren Bedeutsamen Anderen, was sie von dieser Anfrage halten. Diese haben Vorrang vor jedem Dritten, was diese Entscheidung betrifft.

Lassen Sie sich Zeit. Manchmal erledigen sich Fragen dieser Art von selbst, weil die Interessierten merken, dass der Schrank doch nicht in die eigene Wohnung passt oder der mit dem Transport verbundene Aufwand einfach zu groß ist. Werden Sie misstrauisch, wenn Menschen behaupten, sich auf eine alte Absprache mit Ihren Eltern zu beziehen, zumal, wenn Sie nichts davon wissen. Sie vermeiden damit, sich unwissentlich in eine alte, Ihnen unbekannte Geschichte zwischen diesen Nachbarn und Ihren Eltern hineinziehen zu lassen, bei der die Frage nach einem Gegenstand möglicherweise eine stille, verspätete «Racheaktion» darstellt.

Wenn Sie sich jedoch sicher sind, dass die Anfrage der Nachbarn o. ä. eine richtig gute Idee ist und Sie allein entscheiden können, steht einem aufrichtigen «Ja, können Sie haben!» nichts im Wege. Aber: Stellen Sie in jedem Fall klar, dass die Fragenden diesen Gegenstand erst zu einem von *Ihnen* festgelegten Zeitpunkt bekommen werden. Damit vermeiden Sie, spontan Ihre Räumroutine außer Kraft setzen zu müssen. Lassen Sie sich nicht dazu überreden, «mal eben» den gesamten Inhalt eines großen Schranks spontan auf unterschiedliche Stellen irgendwo im Haus zu verteilen. Sie erschweren sich damit unnötig Ihr Vorgehen nach Kategorien. Geben Sie alle Arten von Schränken, Kommoden, Regalen, Truhen und Vitrinen erst weg, wenn diese Möbelstücke strukturiert durch Sie und zu einem von Ihnen festgelegten Zeitpunkt geleert wurden und nicht mehr als Stauraum gebraucht werden. Denken Sie daran: *Sie* entscheiden (sofern Sie das alleine dürfen).

Kraft statt Kriterien: Was Sie beim Entscheiden wirklich brauchen

Nach Ihren ersten erfolgreichen Entscheidungen sind Sie jetzt in einer Phase angelangt, in der Sie Entscheidungskraft im großen Stil brauchen. Hier geht es also nicht darum, dass Sie entscheidungs*freudig* sein sollen. Beim Auflösen des Elternhauses ist Freude für die wenigsten ein passender Begriff. Es geht hier vielmehr um die *Kraft*, die Sie brauchen. Die Kraft, um wieder und wieder zu entscheiden und dabei nicht irgendwann aus lauter Verzweiflung entscheidungs*schwach* zu werden und unnötige Fehler zu machen.

Das Wichtigste beim Entscheiden im Elternhaus: Hören Sie auf, ständig aufs Neue darüber nachzudenken, was Sie mit einem Gegenstand tun sollten. Ja, Sie haben richtig gelesen: Hören Sie damit auf. Die sich widersprechenden Argumente für oder gegen eine bestimmte Entscheidung machen Sie auf die Dauer verrückt, und die Versuchung steigt, das ganze Thema auf später zu verschieben. Aber das ist nicht die Lösung.

Denken Sie zuerst an sich, dann an die Dinge

Konzentrieren Sie sich stattdessen beim Thema Entscheidungen, wie schon im allerersten Schritt, zunächst auf sich selbst und *nicht* auf die Dinge Ihrer Eltern. Ich weiß, das klingt absurd, wo es doch gerade um das Schicksal dieser Dinge geht. Aber *Sie* sind es, die auf Dauer mit den getroffenen Entscheidungen leben muss, nicht Ihre Eltern – und auch nicht die Dinge selbst. Hier geht es also darum, dass Sie Entscheidungen treffen, die sich für *Sie* zumindest «in Ordnung» anfühlen und Ihnen nicht nächtelang den Schlaf rauben. Damit Sie so bald wie möglich an diesen Punkt gelangen, lernen Sie hier im siebten Schritt die «Fünf V beim Elternhaus-Auflösen» kennen. Sie erfahren, wozu Sie bereit sein müssen, wenn Sie die jeweils hinter einem «V» stehende Entscheidung fällen.

Die «Fünf V» beim Elternhaus-Auflösen

Beim Entscheiden über die Dinge in Ihrem Elternhaus bewegen Sie sich zwischen den fünf Entscheidungs-Arten Verwenden, Verarbeiten, Verkaufen, Verschenken (hierzu zählt auch Spenden) oder Vernichten. Sie haben richtig gelesen: Vernichten. Es muss dieser Begriff sein; weiter unten erfahren Sie, warum.

Verwenden

Fällen Sie diese Entscheidung nur genau dann, wenn Sie an einem Gegenstand seit Langem besonders hängen und eine spontane Idee dazu haben,

- ob Sie ihn (ohne monate- oder jahrelanges Zwischenlagern im Keller!) in Ihr Alltagsleben integrieren und dann auch wirklich nutzen werden (z. B. als Gebrauchsgegenstand oder als Erinnerungsstück);
- welches ab sofort sein neuer Stammplatz *in Ihrer Wohnung bzw. Ihrem Haus* sein wird, von dem aus er seiner neuen Funktion als Gebrauchsgegenstand oder Erinnerungsstück gerecht werden kann, weil er dort für Sie (und eventuell auch für andere) gut sichtbar ist, aber an diesem Platz nicht stört.

Seien Sie sehr sparsam damit, sich für *Verwenden* zu entscheiden. Dinge, die Sie explizit als Erinnerungsstücke an sich nehmen wollen, büßen häufig ihre «Erinnerungskraft» ein, wenn sie von ihrem angestammten Platz im Elternhaus entfernt werden.

Natürlich gibt es Dinge, die in Ihrem Erleben schon Erinnerungsstücke sind, bevor Sie sich überhaupt mit dieser Frage beschäftigen. Bedenken Sie jedoch: Sie haben bereits einen funktionierenden Haushalt. Stolpern Sie nicht in die typische Falle beim Elternhaus-Auflösen und vermeiden Sie es, zwanzig Umzugskisten mit vermeintlich «später auf jeden Fall» zu verwendenden Erinnerungsstücken in Ihren Keller zu stellen. Mit großer Wahrscheinlichkeit werden Sie und Ihre Liebsten all diese Dinge niemals benutzen, weil niemand Lust hat, irgendwann alle zwanzig Kisten aufzumachen und die zwei Dinge herauszusuchen, die tatsächlich noch zum vorhandenen Hausstand dazukommen sollen. Mit der Zeit ärgern Sie sich über verstaubte Kistenstapel und einen jahrelang blockierten Keller, während gleichzeitig die Erinnerungskraft der Dinge in den Kisten mehr und mehr verloren geht.

Wenn Ihnen allerdings beim Betrachten einer ganzen *Gruppe* von Gegenständen so etwas wie «Das nehme ich erst mal mit, das sortiere ich später» durch den Kopf geht, sind Sie bereits bei der Entscheidungs-Art «Verarbeiten» gelandet.

Verarbeiten

Fällen Sie diese Entscheidung, wenn Sie beim Anblick eines Gegenstandes oder einer Gruppe von Gegenständen sofort an die noch notwendige Arbeit mit oder für ihn bzw. sie denken. Hierzu gehören verschiedene Folgeaktivitäten:

- Noch bearbeiten. Das können z.B. angelaufene Silberteile sein, die Sie vor dem Weiterverwenden putzen wollen.
- Aussortieren. Hierzu gehören z.B. lose aufgefundene Fotos, Diasammlungen und Fotoalben, von denen Sie später endgültig nur einen kleinen Teil zur Erinnerung aufbewahren wollen.
- Reparieren. Um einen Gegenstand selbst weiterverwenden, verkaufen oder verschenken zu können, müssen Sie ihn zuerst reparieren.
- «Upcycling». Sie wollen das bisherige Aussehen eines Gegenstandes verändern, um daraus z.B. ein besonderes Erinnerungsstück oder einen andersartigen Gebrauchsgegenstand herzustellen. Formulierungen wie «Das wäre richtig toll, man müsste nur ...!» oder «Ach schade, wenn das soundso wäre, dann wüsste ich sofort, was ...!» sind Hinweise auf die Entscheidungs-Art Verarbeiten. Beispiele dafür: aus alten Wandtellern oder einzelnen Teilen des «Sonntagsgeschirrs» eine Etagere anfertigen lassen oder aus einem nicht mehr funktionstüchtigen alten Musikinstrument eine Tischleuchte machen.

Die Entscheidung *Verarbeiten* kann aber auch ganz andere Dinge betreffen wie z.B. das Obst aus dem elterlichen Garten, das Sie ein letztes Mal bewusst dort geerntet haben. Verarbeiten Sie es nur dann *selbst* weiter, wenn Sie wirklich Zeit dafür haben. Ansonsten wird das, was Sie aus Tradition, Wehmut oder als Abschiedsritual angefangen haben, am Ende nur zu einer stressigen Belastung.

Machen Sie sich immer bewusst, was die Entscheidung für Sie an Zeitaufwand mit sich bringt. Sind Sie sicher, dass Sie das in absehbarer Zeit oder später jemals wirklich tun werden? Nichts ist frustrierender, als eines Tages diese Dinge genervt und unter Stress als Gesamtpaket zu entsorgen, weil Sie dringend Platz schaffen müssen – und Sie diese Entscheidung nur wenig später heftig bereuen.

Verkaufen

Wenn Sie mit Dingen aus Ihrem Elternhaus einen attraktiven Verkaufserlös erzielen wollen, sollten Sie in jedem Fall bereit sein,

- ggf. dafür selbst eine Menge Arbeit und Zeit zu investieren (Fotos machen, bei großem Sicherheitsbedürfnis eventuell eine anonymisierte E-Mail-Adresse anlegen, eine geeignete Verkaufsplattform finden, Angebotstext schreiben und einstellen, Rückfragen beantworten, Preis verhandeln, Abholtermine vereinbaren oder Versand organisieren usw.); oder
- über längere Zeit wiederholt Ihren Verkaufs-Helfer in Anspruch zu nehmen; und / oder
- Händler zu suchen und zu beauftragen, die für den Verkauf aber natürlich eine Provision haben wollen;
- mit Verhandlungsprofis wie Antiquitätenhändlern oder professionellen Trödlern den Preis für besondere Gegenstände auszuhandeln, ohne zu hundert Prozent sicher sein zu können, dass Sie fair behandelt werden;
- den sogenannten Einstandspreis zu akzeptieren, den Auktionshäuser bei einer Auktion als Mindestsumme für einen Gegenstand aufrufen;

- wiederholt und über einen längeren Zeitraum Enttäuschungen zu akzeptieren, weil potenzielle Käufer doch abspringen oder Sie den Gegenstand weit unter dem von Ihnen erhofften Preis verkaufen müssten.

Sie wollen eine nachgewiesenermaßen wertvolle Sammlung oder einzelne Sammlerstücke verkaufen? Hierzu können z. B. Gemälde bekannter Künstler, hochwertiges Kunsthandwerk, Uhren, Schmuck, Münzen, seltene Antiquitäten oder Autos, aber auch alte komplette Jahrgänge sowie Erstausgaben von Comic- oder Krimireihen, seltene alte Bücher, altes Spielzeug usw. gehören.

Aus dem zweiten Schritt, in dem Sie alle relevanten Dokumente zusammengesucht haben, wissen Sie vielleicht schon, ob Ihre Eltern zu diesen Gegenständen besondere Versicherungen abgeschlossen haben. Klären Sie, wie es um den Versicherungsschutz bestellt ist, wenn Sie die Dinge vom in der Versicherungspolice genannten Ort entfernen und bei sich vor dem geplanten Verkauf zwischenlagern. Müssen Sie eventuell besondere Lager- oder Sicherheitsbedingungen einhalten, um den Versicherungsschutz nicht zu verlieren?

«Wertvoll» meint hier aber nicht nur finanziell wertvolle Gegenstände, sondern auch solche, die einen ideellen Wert besitzen. Es gibt kaum etwas, das Menschen *nicht* sammeln. Bleiben Sie beim Verkaufen solcher Dinge von vornherein realistisch. Nicht alles, von dem Ihre Eltern behauptet haben, es sei wertvoll, ist es heute noch. Und nicht alles, von dem Sie denken, dass jemand anderes es bestimmt kaufen möchte, weil es doch «noch gut» ist, ist auch tatsächlich verkäuflich. Überschätzen Sie nicht den Wert eines Gegenstandes, nur weil er im Besitz Ihrer Eltern war, die ihn sorgfältig gepflegt haben.

Spannen Sie daher beim Vorhaben, solche Dinge zu verkaufen, Ihren Recherche-Helfer ein (siehe *Arbeitshilfe 4.3 – Helfer und Talente*). Bitten Sie ihn herauszufinden, was die in Frage kommenden Dinge aktuell wert sind, oder aber einen Fachmann zu finden, der sich mit den betreffenden Dingen auskennt und Ihnen sagen kann, ob sich ein Verkaufsversuch lohnen würde.

Denken Sie daran: Wir leben trotz aller gesellschaftlichen Entwicklungen immer noch in einer Überflussgesellschaft. In dieser Gesellschaft ist es immer noch an der Tagesordnung, dass ein Gegenstand bereits in dem Moment einen Großteil seines Wiederverkaufswertes einbüßt, in dem Sie ihn aus dem Geschäft tragen. Sie und ich mögen das kopfschüttelnd zur Kenntnis nehmen, aber es sagt eben leider auch viel über Ihre Verkaufschancen aus, wenn es um Dinge aus Ihrem Elternhaus geht.

Verschenken

Fällen Sie diese Entscheidung, wenn Sie

- spontan sicher sind, keinerlei praktische Verwendung für den Gegenstand zu haben und er auch keinerlei Erinnerungswert für Sie hat;
- nach erfolglosen Verkaufsversuchen einsehen müssen, dass Sie keinen Verkaufserlös damit erzielen werden;
- von vornherein auf einen Verkaufsversuch verzichten wollen, weil Ihnen der damit verbundene Aufwand schlicht zu groß ist;
- Frieden mit der Tatsache geschlossen haben, dass der Gegenstand früher möglicherweise einen hohen Anschaffungswert hatte, heute aber kaum noch oder gar nicht mehr verkäuflich ist (Beispiele: Orientteppiche, Pelzmäntel);
- den Gegenstand bewusst weitergeben (also verschenken oder spenden) wollen, damit andere ihn noch nutzen können.

Denken Sie nach dem Verschenken nicht mehr darüber nach, was der Beschenkte mit dem Gegenstand tut oder nicht. Es ist dann *sein* Gegenstand und sein Besitz. Er kann damit machen, was er will. Kommen Sie nicht auf die Idee, ihn etwa zu kontrollieren oder gar das Geschenk zurückzufordern, nur weil Sie glauben, dass er damit nicht angemessen umgeht. Selbst wenn das so sein sollte: Das ist jetzt ausschließlich seine Sache.

Seien Sie vorsichtig beim Verschenken und überlegen Sie sich genau, wem Sie ggf. etwas überlassen wollen. Wenn Sie hierzu eine Kleinanzeige z. B. in der örtlichen Stadtzeitung oder einer der bekannten Kleinanzeigenplattformen aufgeben, nennen Sie niemals die Adresse, wo der Gegenstand abgeholt werden kann. Sonst laufen Sie Gefahr, dass jede Menge Schnäppchenjäger vor der Haustür Ihrer Eltern stehen und darauf hoffen, noch weitere kostenlose Dinge mitnehmen zu können. Wenn möglich, stellen Sie für einen vereinbarten Abholtermin sicher, dass Sie nicht allein im Haus sind, oder übergeben Sie den Gegenstand idealerweise an der Haus- oder Wohnungstür. Sie wollen schließlich nicht hinterher entsetzt feststellen, dass Ihr Geldbeutel oder wertvolle Dinge Ihrer Eltern fehlen, weil Sie sich von einer Person in ein interessantes Gespräch haben verwickeln lassen – ohne zu bemerken, dass deren Begleitung währenddessen in Ihrem Elternhaus «unterwegs» war ...

Eine weitere Möglichkeit ist Spenden. Spenden ist nichts anderes als Verschenken, allerdings an Ihnen unbekannte Menschen. Missbrauchen Sie das Spenden daher nicht, um Dinge nicht vernichten zu müssen. Ein extremes, aber leider häufig vorkommendes Beispiel: Jemand «spendet» beschädigte und verschmutzte Kleidungsstücke an eine Kleiderkammer oder gemeinnützige Organisation. Er rechtfertigt das damit, sie brauche dort ja nur gewaschen und ausgebessert zu werden. Ansonsten seien die Sachen «ja noch gut». Keine Kleiderkammer oder Organisation verfügt jedoch über Kapazitäten, um Kleidung zu waschen oder zu überarbeiten. Damit überlassen Sie der Organisation die unangenehme Aufgabe, die eigentlich Ihre gewesen wäre: diese Kleidungsstücke zu vernichten.

Verabschieden Sie sich also von der Idee, die Kleidung Ihrer Eltern unbesehen in Säcke zu stopfen und beim nächsten Sozialkaufhaus vor die Tür zu stellen oder in den Altkleidercontainer seriöser Einrichtungen an der nächsten Straßenecke zu werfen. Spenden Sie Dinge nur, wenn sie in einem weitgehend einwandfreien Zustand sind. Das meint: sauber, möglichst ohne Tabakgeruch und verwendungsfähig, also z. B. mit funktionierenden Reißverschlüssen. Der Rest, so hart es klingt, taugt möglicherweise nur noch als Lumpen zur Rohstoffgewinnung und damit für Container von rein kommerziellen Verwertern.

Vielleicht kommen auch Spenden an Museen für Sie in Frage. Dinge der Eltern an ein Museum abzugeben mag sich im ersten Moment nach einer absurden Idee anhören. Tatsächlich leben Museen, wie man vermuten könnte, jedoch nicht nur davon, dass sie «hehre Kunst» für viel Geld ankaufen. Eine ganze Reihe von Museen bezieht den überwiegenden Anteil seiner Ausstellungsstücke aus Schenkungen u. a. von Stiftungen, Unternehmen und eben auch Privatleuten. Bevor Sie nun versuchen, den gesamten Hausrat Ihrer Eltern beim örtlichen Stadtmuseum unterzubringen, wenden Sie sich lieber an Ihre in Ihrer Arbeitshilfe 4.3 als mögliche Recherche-Helferin notierte Person. Bitten Sie sie, für bestimmte Dinge herauszufinden, ob es ein Museum gibt, das diese Dinge sammeln könnte.

In der Regel bekommen Sie kein Geld dafür, dass Sie Museen Dinge überlassen, weil diese jeweils nur über ein sehr begrenztes Ankaufbudget verfügen. Die Wahrscheinlichkeit ist groß, dass der von Ihnen geschenkte Gegenstand dort wohlbehalten und professionell gelagert noch viele Jahre überdauert. Sie sollten sich allerdings auch klar darüber sein, dass die meisten geschenkten Gegenstände nur sehr selten in Ausstellungen gezeigt werden. Wenn Sie tatsächlich mit einem Museum ins Gespräch kommen, stellen Sie also keine Bedingungen, was z. B. die Nutzung oder Sichtbarkeit des Gegenstandes betrifft. Es ist, wie weiter oben schon beschrieben: Wenn Sie einem Museum etwas überlassen, kann es anschließend damit machen, was es will. Das ist dann nicht mehr Ihre Angelegenheit. Das gute Gefühl allerdings, etwas aus dem eigenen Elternhaus in einem Museum zu wissen, bleibt Ihnen in jedem Fall.

Vernichten

Fällen Sie diese Entscheidung, wenn sie Ihnen von vornherein richtig erscheint oder aber, wenn Sie bereit sind, der Tatsache klar ins Auge zu sehen, dass Sie niemanden gefunden haben,

- der den betreffenden Gegenstand kauft;
- ihn als Geschenk bzw. Spende annehmen möchte.

Verzichten Sie bewusst darauf, sich im letzten Moment den betreffenden Gegenstand doch noch «schönzureden», um ihn vor der Mülltonne, dem Recyclinghof oder dem Entrümpler zu retten – oder darauf zu hoffen, dass ihn doch noch irgendjemand auf dem Recyclinghof im letzten Moment vor der Presse rettet und ihn freudestrahlend in den Kofferraum seines Kombis verlädt.

Sie haben sich vielleicht bis hierhin am Begriff *Vernichten* gestört. Ich verwende ihn jedoch ganz bewusst, denn er bringt viel mehr als das Wort «Entsorgen» auf den Punkt, worum es hier geht. Wegwerfen ist angesichts unserer zunehmenden Umweltverschmutzung eine schwierige Entscheidung. Das mit den Dingen der Eltern zu tun, ist für viele Menschen bis zum Schluss ein großes Problem. Es ist daher hilfreich, wenn Sie das Ganze an dieser Stelle vom Ende her denken. Vernichten bedeutet, dass der Gegenstand aufhört, in seiner bisherigen Form zu existieren. Es geht darum, dass Sie sich von den Folgen dieser Entscheidung nicht einschüchtern lassen. Haben Sie den Mut, den Konsequenzen klar ins Auge zu schauen.

Wie viel Zeit wollen Sie mit weiterem Zögern und Verschieben verbringen? Wie viel Zeit *können* Sie dafür noch aufbringen? Seien Sie also mutig, was diese Entscheidungs-Art betrifft.

Wenn es Ihnen schwerfällt, bestimmte Dinge zu vernichten, können Fotos helfen. Eine Bekannte von mir hat von jedem Gegenstand, den sie weiterhin gern betrachten können möchte, Aufnahmen angefertigt: Aus verschiedenen Perspektiven, von oben und unten, von ganz nah, aber auch mit gehörigem Abstand, farbig und schwarz-weiß. Mit der Gewissheit, diesen Gegenstand von nun an jederzeit vor *Augen* haben zu können, konnte sie *die Sache selbst* gehen lassen.

Führt man diese Idee weiter, könnte es für Sie auch ein interessanter Gedanke sein zu überlegen, welche Verlassenschaften aus Ihrem Elternhaus Sie außerdem eigentlich gern *anfassen*. Schneiden Sie z. B. ein Stück Stoff aus dem verschlissenen Lieblingskleid Ihrer Mutter, das so groß ist, dass Sie es in Ihren Händen zusammenschieben und fälteln können. Werden Sie kreativ!

Mutig entscheiden und abschließen

Muten Sie sich beim Entscheiden kein von Bangen und Hoffen durchzogenes, halbherziges Verhalten zu. Grollen Sie auch hier lieber wieder für einen Moment Ihren Eltern: «Warum habt ihr das alles zurückgelassen, ohne mir zu sagen, was ich damit tun soll?» Wenn Sie dem Gefühlsmix in Ihnen immer wieder Raum geben, wird er Sie weniger daran hindern, eine der fünf Entscheidungs-Arten auszuwählen.

Nehmen Sie sich also einerseits Zeit für Ihre Entscheidungen und überstürzen Sie nichts. Sorgen Sie aber andererseits auch dafür, dass Ihre Gefühle Sie dabei nicht behindern. Fluchen Sie, schimpfen Sie und lassen Sie Tränen fließen, sooft Sie müssen. Sie werden feststellen, dass Ihnen Entscheidungen hinterher jedes Mal etwas leichter fallen. Dieser Effekt kommt nicht mit Darüber-Nachdenken zustande, sondern nur, indem Sie Ihre Gefühle «rauslassen». Trauen Sie sich.

Ihre Eltern werden nicht mehr entscheiden (können). *Sie* müssen das jetzt tun. Behindern Sie sich nicht mehr weiter selbst mit dem Gefühl, das für die beiden zu tun. Sie tun es *für sich selbst*. Dass Sie dabei an Ihre Eltern denken und Erinnerungen hochkommen, ist normal. Aber die Entscheidungen fällen Sie für sich selbst. Sie können das. Und wenn Sie (Allein-)Erbin sein sollten, machen Sie sich klar: Rechtlich gesehen entscheiden Sie bei den Verlassenschaften Ihrer Eltern jetzt sowieso über etwas, das (teilweise) in Ihr Eigentum übergegangen ist, auch wenn sich das für Sie (noch) nicht so anfühlt. Lassen Sie sich diesen Satz auf der Zunge zergehen: *Es ist Ihr Eigentum*. Würden Sie all diese Dinge behalten, wenn Sie schon *immer* in Ihrem Besitz wären?

Anleitung und Arbeitshilfen

Den Augenblick jetzt gerade nutzen

- Wenn Sie sich während des Lesens dieses Kapitels beim Gedanken an den einen oder anderen Gegenstand für eine der fünf Entscheidungs-Arten entschieden haben, ergänzen Sie jetzt ggf. sofort Ihre vorhandene Aktivitätenliste (Arbeitshilfe 3.1) um ein paar weitere Kopien.
- Schreiben Sie die von Ihnen getroffenen Entscheidungen zeilenweise auf: Nennen Sie den Gegenstand und fügen Sie die jeweilige Entscheidungs-Art sowie drei Ausrufezeichen hinzu, z. B. so: *Bügelbrett vernichten!!!* oder *CDs spenden!!!* Die drei Ausrufezeichen sorgen dafür, dass Ihnen Ihre Entscheidungen später schnell wieder ins Auge fallen, egal, wie viele Seiten der Aktivitätenliste Sie noch hinzufügen. Bei der Vielzahl der Entscheidungen werden Sie sich selbst immer wieder dankbar sein, die bereits getroffenen in Ihrer Liste nachschauen zu können.
- Gehen Sie dann alle schon vorhandenen Seiten durch. Konzentrieren Sie sich darauf, die Zeilen zu finden, in denen es um

anstehende Entscheidungen geht. Haben Sie spontan für eines oder mehrere der dort notierten Themen eine der Entscheidungs-Art im Kopf?

- Übertragen Sie diese Aktivität mit der gewählten Entscheidungs-Art ebenfalls in eine neue Zeile Ihrer Aktivitätenliste und versehen Sie sie wiederum mit drei Ausrufezeichen. Streichen Sie anschließend die dazugehörige alte Zeile in Ihrer Aktivitätenliste durch.
- Ergänzen Sie nun Ihre Aktivitätenliste um noch anstehende offene Entscheidungen, die Ihnen gerade einfallen. Markieren Sie sie mit einem Fragezeichen (Beispiel: *Wohnzimmerschrank?*).

Für jede ab jetzt anstehende Entscheidung

- Mit der *Arbeitshilfe 7.1 – Spickzettel Entscheidungs-Arten* können Sie sich die wichtigsten Aspekte jeder Entscheidungs-Art immer wieder auf einen Blick stichwortartig vor Augen führen.
- Wann immer Sie das Gefühl haben, eine Entscheidung abschließend fällen zu können, notieren Sie sie auf die gerade beschriebene Weise in einer neuen Zeile Ihrer Aktivitätenliste. Streichen Sie bei Bedarf die dazugehörige alte Zeile durch.
- Wenn Sie sich dabei ertappen, eine notwendige Entscheidung hinauszögern oder verschieben zu wollen, versuchen Sie, Antworten auf die beiden folgenden Fragen zu finden:
  - Wenn der Gegenstand, über den Sie entscheiden wollen, niemals Ihren Eltern gehört hätte, welche der fünf Entscheidungen würden Sie für ihn wählen?
  - Gehen Ihnen Ihre Erinnerungen verloren, die Sie in Ihrem *Emotionalen Klingelschild* (Arbeitshilfe 1.1) festgehalten haben, wenn Sie den betreffenden Gegenstand verkaufen, verschenken oder vernichten?

Tipps für Spenden an ein Sozialkaufhaus

- Bevor Sie ein oder mehrere örtliche Sozialkaufhäuser kontaktieren, erstellen Sie eine Übersicht all dessen, was Sie der Einrichtung anbieten wollen. Stichworte reichen, ggf. auch Handy-Fotos.
- Wenn Sie das Sozialkaufhaus kontaktieren, schildern Sie die Möbel auf Nachfrage möglichst konkret. Unabhängig vom Aussehen ist immer wichtig, dass sie funktionstüchtig sind, keine sichtbaren Schäden aufweisen und aus einem Nichtraucherhaushalt stammen.
- Viele Einrichtungen nehmen heute Möbel-Spenden nur noch nach Vorbesichtigung durch einen Mitarbeiter an. Stimmen Sie einem solchen Termin unbedingt zu. Häufig können Sie zwar Kisten mit Hausrat oder Säcke mit Kleidung selbst anliefern, ohne dass vorab jemand deren Inhalt prüft. Bei großen Möbelstücken jedoch sind Sozialkaufhäuser inzwischen meist sehr rigide.
- In der Regel werden Sie aufgefordert, bei der Abholung nach dem Verladen eine Verzichtserklärung zu unterschreiben. In diesem Dokument sind die Dinge aufgelistet, die soeben verladen wurden. Mit Ihrer Unterschrift versichern Sie, dass Sie befugt sind, die Dinge tatsächlich abzugeben und dass Sie ab sofort jeden Anspruch auf Eigentum und Besitz aufgeben.

Entscheiden mit Ihren Bedeutsamen Anderen

Ich kenne in meinem Freundeskreis nur einen Fall, in dem Geschwister die notwendigen Entscheidungen gemeinsam gut hinbekommen haben. Zusammen wie einst als spielende Kinder haben sie zu viert auf dem Teppich im elterlichen Wohnzimmer gesessen, Erinnerungsstücke untereinander aufgeteilt und alle zu diesem Zeitpunkt noch offenen Entscheidungen miteinander abgestimmt. «Man darf das ja fast nicht laut sagen, aber es hat richtig Spaß gemacht.» Diese Aussage einer der vier Beteiligten spricht Bände: Spaß – bei diesem Thema?! Irgendeinen Betroffenen gibt es fast immer, der diesen Gedanken empört zurückweist. Dabei könnte es ja ein im positiven Sinne wirklich besonderer Moment sein, gemeinsam die Dinge der Eltern unter sich aufzuteilen und sich zusammen darüber zu freuen, dass nun jeder von den Eltern etwas hat.

Allerdings entsteht jedoch in genau dieser Situation normalerweise der meiste Ärger zwischen Geschwistern oder Erbengemeinschaften. Wenn Sie nicht allein entscheiden können, wissen Sie, was ich meine. Leider gibt es auch in diesem Fall kein Patentrezept, wie Sie hier vorgehen können. Aber mit Hilfe der folgenden Anregungen gelingt es Ihnen hoffentlich, Diskussionen über den Verbleib der Dinge so mitzugestalten, dass Sie zu Lösungen kommen und nicht alles noch schlimmer wird.

Kommen Sie sich selbst auf die Schliche, bevor andere es tun

Das Wichtigste zuerst: Entscheiden Sie sich bewusst dafür, beim gemeinsamen Entscheiden über die Dinge Ihrer Eltern keinesfalls eine versteckte Absicht (oder neudeutsch: *hidden agenda*) durchsetzen zu wollen. Seien Sie ehrlich: Wollen Sie etwas haben, weil es wertvoll ist und vielleicht noch einen guten Preis erzielt? Weil Sie Freunde damit beeindrucken wollen? Weil es Ihnen das Gefühl gibt, selbst etwas wert zu sein? Wollen Sie endlich einen Ausgleich für die Ungerechtigkeit bekommen, die Sie vor Jahren von Ihren Eltern oder Ihrem/Ihren Bedeutsamen Anderen erfahren haben? Wollen Sie unbedingt verhindern, dass Ihr Bruder oder Ihre Schwester einen Gegenstand erhalten, weil er oder sie überhaupt nicht angemessen damit umgehen wird? All das sind versteckte Absichten.

Missbrauchen Sie die Diskussion um einen Gegenstand nicht, um irgendeine dieser Absichten für sich selbst durchzusetzen.

Wenn gerade alles in Ihnen gegen diese Empfehlung revoltiert, sollten Sie sich einen Moment Zeit nehmen und weiterlesen. Denn wenn Geschwister über die Verteilung der elterlichen Dinge streiten, wirken diese Diskussionen häufig wie verspätete Abrechnungen von Verletzungen aus Kindertagen. Habgier, angesammelter Neid oder aufgestaute Missgunst brechen sich Bahn.

Habgier, Neid und Missgunst

Habgier will unbedingt etwas haben, und zwar möglichst viel davon. Eine typische Äußerung einer habgierigen Person bei der Entscheidung über die Dinge im Elternhaus ist z. B.: «Ist mir doch egal, wer hier was will, das ist meins.» Habgier drückt sich aus in einem übersteigerten Anspruchsdenken. Die Anderen und ihre Wünsche sind demjenigen dabei völlig egal. Ihren Ursprung hat Habgier zumeist in einer, von dem Betreffenden meist nicht bewusst wahrgenommenen inneren Leere, die mit äußeren Dingen zugedeckt oder betäubt werden soll. Hier geht es nicht um irgendeinen Anderen und das Verhältnis zu ihm, sondern ausschließlich um die Person selbst.

Neid dagegen macht deutlich, dass sich Ihr Gegenüber *im Vergleich zu Ihnen* ungerecht behandelt oder zurückgesetzt fühlt. Ihr Gegenüber strebt bei den Entscheidungen, um die es gerade geht, mehr oder weniger bewusst nach so etwas wie «ausgleichender Gerechtigkeit». Dabei spielt es keine Rolle, wie lange es her ist, dass Sie Was-auch-immer bekommen haben, Ihr Gegenüber aber nicht. Seitdem fühlt er oder sie sich zurückgesetzt, benachteiligt oder weniger wert. Die empfundene Benachteiligung kann vermeintlich nur durch genau den Gegenstand wiedergutgemacht werden, um den gerade gestritten wird. Möglicherweise sollen Sie als die einst – vermeintlich oder tatsächlich – bevorzugte Person durch die «Niederlage» in der aktuellen Diskussion nun endlich auch einen mindestens gleichen, wenn nicht noch stärkeren Schmerz verspüren, als Ihr Gegenüber damals empfunden hat. Ihr Gegenüber kann sehr hartnäckig werden bei dem Versuch, Sie zu bekehren und dazu zu bringen, ihm zuzustimmen. «Ich will das haben, schließlich hast du schon ...» oder auch «Wenn du nur ein bisschen nachdenken würdest, dann wüsstest du, dass mir das zusteht. Schließlich hast du damals ...». Die neidische Person interpretiert Ihre Zustimmung dazu dann nicht selten auch als eine Art Schuldeingeständnis von Ihnen: Endlich geben Sie mit Ihrem «Okay» zu, dass Sie damals tatsächlich bevorzugt wurden und dies ungerecht war. Das kommt Ihnen absurd vor? Es passiert häufiger, als Sie denken.

Missgunst unterscheidet sich deutlich davon. Hören Sie genau hin, wenn Ihr Gegenüber betont, dass er den umstrittenen Gegenstand gar nicht selbst haben will, Ihnen diesen aber ebenso wenig zugesteht. Ihm ist dann nur eins wichtig: dass *Sie* ihn auf keinen Fall bekommen werden. Für ihn sind Sie es *nicht wert*, etwas so Wichtiges wie diesen Gegenstand der Eltern zu erlangen. Formulierungen wie «Was glaubst du eigentlich, wer du bist, dass du dir jetzt anmaßt, ... bekommen zu wollen?» oder «Mir egal, wer das bekommt, aber du auf keinen Fall!» sind Hinweise auf diese Haltung.

«Wahrer Charakter» oder große Not?

Ich glaube nicht, dass Menschen in diesen Situationen ihren «wahren Charakter» zeigen. Ich glaube vielmehr, dass sich hier eine Not und tiefe Sehnsucht der Beteiligten offenbart, die der Betroffene nicht benennen kann und / oder zugeben will.

Vielleicht können Sie sich trotz aller eigenen Verletzungen dazu entschließen, die Erste zu sein, die diesen sich aus Habgier, Neid und Missgunst nährenden Teufelskreis in Ihrer Familie – zumindest für den Moment – unterbricht. Machen Sie deutlich, worum es tatsächlich geht, nämlich um Entscheidungen über den Verbleib der Dinge. Schlagen Sie vor, alles miteinander zu klären, was Sie daran hindert, gemeinsam zu Entscheidungen zu kommen. Hören Sie zu, wenn daraufhin vor allem Verletzungen, Ungerechtigkeiten und die Meinungen übereinander zur Sprache kommen.

Dieser Vorschlag mobilisiert bei Ihren Bedeutsamen Anderen möglicherweise zunächst starken Widerstand und öffnet deren Empörung Tür und Tor. Wiederholen Sie einfach Ihren Vorschlag und bieten Sie an zu beginnen. Wenn Sie sich bisher aus für Sie guten Gründen jeder Einigung widersetzt haben, wird allein das für ein Überraschungsmoment sorgen. Sprechen Sie über sich, auch wenn es Ihnen schwerfällt und Sie spüren, dass Ihr Gegenüber nur darauf wartet, Sie zu unterbrechen. Vermeiden Sie Vorwürfe. Lassen Sie die Begriffe Habgier, Neid und Missgunst und alle Vorhaltungen in diesem Zusammenhang weg. Die Wahrscheinlichkeit ist sonst groß, dass es schnell zu einem weiteren Schlagabtausch kommt. Sprechen Sie stattdessen erneut von Ihrem Interesse, Entscheidungen gemeinsam zu fällen und zusammen Lösungen zu finden. Tun Sie das ggf. wieder und wieder. Lassen Sie sich nicht provozieren. Das fällt schwer. Aber denken Sie daran: Mit Unterstellungen und Vorhaltungen würden Sie Öl ins Feuer gießen und alles nur noch schlimmer machen.

Wenn Sie sich von diesem Vorschlag überfordert fühlen und sich ein solches Gespräch ohne Unterstützung nicht zutrauen, denken Sie noch einmal über die Möglichkeit einer Erbmediation nach. Auch wenn das Kind bereits in den Brunnen gefallen zu sein scheint: Selbst jetzt ist es noch sinnvoll, eine Erbmediation zu beginnen. Gerade wenn das Entscheiden über die Verlassenschaften der Eltern schon in vollem Gange ist, schaffen es Geschwister, Erbengemeinschaften oder sonstige Gruppen von Betroffenen immer wieder doch noch, sich mit Hilfe geschulter professioneller Anleitung an einen Tisch zu setzen und zu Lösungen zu kommen. Der Grund: In der Regel wollen *alle* Beteiligten am Ende eine Lösung und das Thema vom Hals haben – auch wenn bis zu diesem Moment jeder etwas völlig anderes darunter versteht.

Halten Sie einen guten Verlauf für denkbar – auch wenn er nicht möglich zu sein scheint

Sie können Ihre Bedeutsamen Anderen nicht ändern und schon gar nicht erziehen. Vielleicht werden Sie also trotz aller guten Absichten und Anregungen nicht verhindern können, dass Ihre rachsüchtige und neidische Schwester Sie über den Tisch zieht. Oder dass Ihr kaltherziger, missgünstiger Bruder bis zum Ende süffisant lächelnd jeden Vorschlag an sich abtropfen lässt, den Sie vorbringen. Beschwören Sie jedoch keine sich selbst erfüllenden Prophezeiungen herauf. Stellen Sie sich stattdessen immer wieder vor, wie es wäre, wenn es – überraschenderweise – mit Ihren Bedeutsamen Anderen richtig gut laufen würden. Denken Sie an Ihr Ziel, das Sie im zweiten Schritt formuliert haben.

Niemand kann Ihnen garantieren, dass Sie ein Wunder bewirken und bei Ihren Bedeutsamen Anderen mit Ihrer Offenheit und der Bereitschaft, jahrelange Streitereien aufzulösen, Erfolg haben werden. Im Gegenteil, Schwester und Bruder gehen vielleicht tatsächlich als vermeintliche «Sieger» aus vielen Entscheidungen hervor. Wenn es tatsächlich so kommen sollte, nützt es Ihrem Seelenfrieden jedoch wenig, wenn Sie noch Jahre später darüber zürnen und grollen und sich in einer Mischung aus Wut und Wehmut wünschen, alles wäre anders gekommen. Sie können die Umstände nicht ändern. Aber es hilft, wenn Sie sich dann wenigstens sagen können, dass Sie wirklich alles für einen guten Verlauf versucht haben.

Empfehlungen zum Weiterlesen

Gronwald, Silke; Siegert, Almut (2021): Achtsam (Ver-)Erben. Selbstverlag.

Kirady, Maria; Weiß, Bertram: Der Streit um das Erbe. In: Wie wir mit dem Tod umgehen. Geo Kompakt Nr. 60 (2019), S. 70–76.

Pfersdorf, Silke: Der Streit ums Erbe. In: Trauer und Verlust. Psychologie Heute Compact, Heft 64/2021, S. 34–37.

Arbeitshilfe 7.1

Spickzettel Entscheidungen

VERWENDEN
- Weiter selbst benutzen, wie es ist?
- Erinnerungsstück? Platz dafür da? (Nicht: Keller!)

VERARBEITEN
- Aktivitäten notwendig (z. B. Kündigung schreiben,
- oder verändern)?
- Sortieren oder Reparieren notwendig?
- Upcycling?

VERKAUFEN
- Nachgewiesen wertvolle Sammlung oder Einzel-Gegenstand?
- Liebhaberstück(e) mit Sammlerwert?
- Recherchen über Wert nötig?
- Verhandlungen führen?
- Händler ansprechen / Verkaufsplattformen nutzen?
- Wahrscheinlichkeit von Enttäuschung?

VERSCHENKEN
- Kein eigener praktischer Nutzen vorhanden?
- Nicht selbst behalten wollen?
- Kein Käufer gefunden?
- Bewusst auf Einnahme verzichten wg. zuviel Zeitaufwand?
- Frieden mit Wertverlust gemacht?
- Authentisch spenden ohne Abwälzen von Entscheidung?

VERNICHTEN
- Weder verkauf- noch verschenkbar?
- Zerstörtwerden okay?
- Kein Schönreden nötig?
- Kein Retten in letzter Minute erhofft?

Achter Schritt
Ihre Reaktionen – Unerwartetes bewältigen

Im achten Schritt geht um einen Moment, der eine sehr heftige Reaktion in Ihnen auslöst, und zwar so, dass Ihnen gefühlt das Blut in den Adern gefriert. Wenn Sie in Ihrem Elternhaus mit einem solchen Ereignis ohne jede Vorwarnung konfrontiert werden, ist das alles andere als lustig. Ihre Gefühle und Reaktionen sind vielleicht massiv – und die unvermittelt veränderten Umstände nichts, was Sie ignorieren können. Erfahren Sie nun, wie Sie ein solches Thema in den Griff bekommen.

Das beschäftigt Töchter und Söhne gerade

Sie haben ja vieles für möglich gehalten, aber das nicht. Sie sind sprachlos, ungläubig, vielleicht sehr berührt und fassungslos. Warum haben die beiden Ihnen das angetan oder Ihr Vater, Ihre Mutter so etwas besessen, gesagt, verursacht oder ausgehalten?

Sie müssen sich erst einmal sortieren und über alles klarwerden, wieder Kraft schöpfen und neue Orientierung finden. Ein Gefühl überlagert gerade alle anderen in Ihnen: Wut, Entsetzen, Scham, Verzweiflung, Trauer … Ihre Bedeutsamen Anderen sagen, Sie sollen sich nicht so anstellen – oder sind genauso schockiert wie Sie.

Wie mit all dem umgehen? Mit wem könnten Sie darüber sprechen? Und was machen Sie mit dieser Situation?

Eine unerwartete Situation verlangt hier dem Helden alles ab. Er wird mit etwas konfrontiert, das er so bisher nicht kannte und noch nie erlebt hat. Oder das bisher im Verborgenen lag und nun mit einem Mal ungeahnte, bedrohliche Energie entfaltet, die ihn fast verzweifeln lässt. Es fühlt sich an wie ein Wendepunkt, nach dem nichts mehr so sein wird wie vorher. Danach kann es eigentlich nur noch besser werden.

Hitze im Kopf und blankes Entsetzen?! Stellen Sie sich dem Unerwarteten

Der Schock-Moment taucht häufig mitten im Prozess oder auch dann auf, wenn das meiste schon geschafft ist und Sie gerade das Gefühl haben, dass es ab jetzt immer einfacher wird. Dieser Moment kann aber auch bereits am Anfang eintreten, wenn z. B. durch die Testamentseröffnung deutlich wird, dass nicht nur Sie selbst und Ihre Geschwister Erben sind, sondern auch der Onkel oder die Tante, die Sie noch nie mochten. Und schlimmstenfalls gehören Sie zu denen, die diesen Moment *mehrfach* erleben müssen. Da hilft kein Hadern, weder mit dem Leben noch mit Ihren Eltern. Was Sie jetzt brauchen, ist ein verantwortungsvoller Umgang mit den eigenen Gefühlen sowie kluges und überlegtes Handeln. Wie das genau funktionieren kann, erfahren Sie in diesem Schritt.

Der gute Teil der Nachricht: Nicht alle, die ihr Elternhaus auflösen, erleben einen oder mehrere solcher Schock-Momente. Aber die meisten. Stellen Sie sich beispielsweise vor, Sie öffnen die Nachttischschublade Ihrer Mutter und finden in einem kleinen, Ihnen unbekanntem Kistchen zahlreiche Liebesbriefe an Ihre Mutter. Diese stammen nicht von Ihrem Vater, sondern von einem Ihnen unbekannten Mann, der sie nur wenige Monate vor Ihrer Geburt geschrieben hat. Sie sind sprachlos. Wer um alles in der Welt ist oder war dieser Mann? Und hat diese Geschichte vielleicht sogar mit Ihnen zu tun?

Stellen Sie sich vor, Ihr Sortier-Helfer findet in der Werkstatt Ihres Vaters eine Ihnen bisher unbekannte Tür hinter einem Kistenstapel, der dort steht, seit Sie denken können. Diese Tür führt zu einem Raum, von dessen Existenz Sie bis zu diesem Moment ebenso wenig wussten. Und als ob das nicht genug ist, offenbart er Ihnen – fast bis unter die Decke gestapelt – uralte Farben und Lacke, Kanister voller Öle und anderer Flüssigkeiten, mit großen Warnhinweisen auf den Etiketten. Daneben Säcke und Eimer mit undefinierbarem Inhalt, Neonröhren, Kisten, ein altes, Ihnen völlig unbekanntes Moped sowie das vor Urzeiten verloren geglaubte, verrostete Dreirad Ihres Bruders. Zersplitterte alte Holzzaun-Latten, uralte Steine und Ziegel. Dazwischen, es wird immer schlimmer, Aktenordner, Zettel, Zeitungen und Fotos. In Ihnen macht sich Beklemmung breit: Wie viele solcher Räume gibt es noch? Was haben Sie noch alles übersehen? Und dieses Chaos stammt von ihrem pedantischen Vater?

Stellen Sie sich vor, Sie bekommen einen Anruf von einer Ihnen unbekannten Nummer. Die Anruferin behauptet ohne jede Vorwarnung, Ihre Halbschwester zu sein, nur ein paar Jahre jünger als Sie selbst – und fordert ihren Erbteil. Sie kennt Details über Ihren Vater, die ihre Worte glaubhaft werden lassen. Vom Tod Ihres Vaters weiß sie durch die Trauerkarte, die Sie selbst an ihre Mutter geschickt haben, eine alte Schulfreundin Ihres Vaters. Sollte Ihr Vater wirklich …? Wie betäubt beenden Sie nach ein paar abwehrenden Sätzen das Gespräch. Ihr Partner schaut Sie besorgt an: «Was ist los?»

Sprachlos und im Mark erschüttert?!

Keines dieser Ereignisse ist völlig frei erfunden, sondern hat sich so bzw. so ähnlich zugetragen. Sind Sie mit einer vergleichbaren Situation konfrontiert, fühlt es sich erst einmal an, als ob Ihnen jemand den Boden unter den Füßen wegzieht. Der Moment raubt Ihnen jede Energie und lässt Sie kraft- und ratlos zurück. Gleichzeitig wirft er jede Menge Fragen auf: Mit wem können Sie darüber reden? Sollten Sie es überhaupt jemandem erzählen? Was sollen Sie jetzt machen: So tun, als ob nichts gewesen ist? Die Briefe vernichten, die mögliche Halbschwester ignorieren? Und vor allem: Ihre Eltern. Was haben die sich dabei gedacht? Je nach Thema schießen Wellen von Fremdscham durch Sie hindurch – was werden die Leute von Ihren Eltern denken, wenn sie *das* erführen? Und als ob das noch nicht reicht, bemerken Sie vielleicht, dass Sie das Haus, Ihre Eltern, bestimmte Umstände ab jetzt sogar mit anderen Augen betrachten.

Wie schon erwähnt, kann dieses Buch keine therapeutische Begleitung ersetzen. Wenn Sie das Gefühl haben, die erlebte Situation nicht allein bewältigen zu können, suchen Sie sich unbedingt Hilfe. Das gilt umso mehr, falls durch den Schock-Moment alte Traumata wieder in Ihnen lebendig werden.

Was passiert da in mir? Das Gefühlschaos erkennen und in den Griff bekommen

Einigen Betroffenen gelingt es nach dem eigentlichen Schock-Moment in wenigen Augenblicken, sich wieder zu sammeln und mit dem Erlebten relativ gut klarzukommen. Andere brauchen dafür deutlich länger – völlig unabhängig davon, worum es in diesem Moment inhaltlich geht. Auch hier gibt es kein Richtig oder Falsch. Es geht ausschließlich darum, Ihr eigenes Gefühlschaos mehr oder weniger schnell zu sortieren und anschließend Ihre Aktivitäten in Ihrem Elternhaus wiederaufzunehmen. Das ist ein anspruchsvolles Unterfangen angesichts von Entsetzen, Wut, Trauer, Sprachlosigkeit, Verzweiflung und anderen Gefühlen, die vielleicht gerade im Sekundentakt in Ihnen wechseln.

Damit es Ihnen dennoch gelingt, lernen Sie nachfolgend ein sehr einfaches Modell kennen. Es wurde von Elisabeth Kübler-

Ross im Rahmen ihrer Arbeit mit unheilbar Kranken entwickelt. Ihrer Beobachtung nach durchleben Menschen in dieser ausweglosen Lage fünf Phasen bei der Bewältigung der Tatsache, dass sie sterben müssen. Übersetzt auf Ihre Situation lässt dieses Modell Sie auf einfache Art und Weise erkennen, wie Ihre Seele versucht, mit dem Vorgefallenen klarzukommen, hilft Ihnen beim Entwirren des Gefühlschaos und unterstützt Sie dabei, sich zu sortieren und wieder handlungsfähig zu werden. Verzweifeln Sie nicht, wenn Sie beim Lesen der folgenden Darstellung das Gefühl haben, sich in allen Phasen gleichzeitig zu befinden. Das ist völlig normal. Die Bewältigung eines Schock-Momentes geschieht nicht innerhalb von Minuten oder Stunden. Sie werden jedoch mit der Zeit spüren, wie sich Ihr Empfinden nach und nach verändert.

Die fünf Phasen der Schock- und Trauerverarbeitung

Phase #1: Sie verleugnen oder wollen nicht wahrhaben, was stattgefunden hat

Sie hätten gern die Situation vor dem Schock-Moment zurück – nicht etwa, weil sie so wunderbar war, sondern einfach nur, weil es den Schock-Moment da noch nicht gab. Und weil Ihnen schon jetzt klar ist, dass die Situation selbst nicht nur einfach ein eigenartiger Moment war, sondern eine Geschichte mit Folgen sein könnte. Typische Gedanken und Äußerungen sind z. B.:

- «Das kann doch nicht wahr sein!»
- «Das hab ich bestimmt alles nur geträumt.»
- «Das muss ein Irrtum sein; mein Vater hätte niemals …!»

Phase #2: Sie empfinden Zorn und Wut

Sie werden wütend auf Ihren Vater oder Ihre Mutter und auf alles, was zum Schock-Moment geführt hat. Mit Wutausbrüchen versucht Ihre Seele, Bewegung in die Sache zu bringen und etwas zu verändern. Fremdschämen für die Eltern kommt oft als Kehrseite der Wut hinzu. Sie befürchten, alles könnte öffentlich und damit

Sie bzw. Ihre Eltern zum Gespött anderer werden. Typische Äußerungen und Empfindungen in dieser Phase:

- «Warum gerade ich?»
- «Warum hat er / sie, haben die beiden mir das angetan?»
- «Wie konnte er / sie mir das antun?»
- «Ist der / die denn von allen guten Geistern verlassen?»
- sowie alle Sätze, die eines oder eine Kombination mehrerer, hier nicht abdruckfähiger Schimpfwörter enthalten, die Sie Ihren Eltern am liebsten – vermutlich jedoch nicht öffentlich – entgegenschleudern würden (oder die Sie tatsächlich auch laut herausschreien).

Phase #3: Sie versuchen zu verhandeln

Sie bieten Gott, dem Universum oder irgendeiner anderen für Sie relevanten Instanz etwas an, das Sie selbst aktiv beeinflussen oder tun können. Dieses Angebot soll das Leben bewegen, das Ganze doch noch ungeschehen zu machen. Da Sie jedoch schon wissen, dass das unmöglich ist, bieten Sie in dieser Phase z. B. Schwüre oder eine massive Veränderung Ihres Verhaltens an. Die Hoffnung ist, damit am Ende alles so in den Griff zu bekommen, dass niemand bemerkt, was überhaupt los war:

- «Wenn ich jetzt X mache und in Zukunft Y lasse, dann wird doch alles wieder gut, oder?»
- «Lieber Gott mach, dass das nicht wahr ist. Ich werde auch nie wieder ...!»
- «Wenn ich X einfach entsorge, dann weiß keiner, dass es X überhaupt gab, oder?!»
- «Liebes Leben, ich tue das auch nie wieder, aber bitte mach, dass das jetzt vorbei ist!»

Phase #4: Sie fühlen sich ohnmächtig, traurig und mutlos

In dieser Phase sehen Sie ein, dass Sie nichts an der Sache selbst mehr ändern können. Sie hören auf, sich dagegen zu wehren.

Resignation liegt in der Luft und das Gefühl, allein sein zu wollen. Manchmal kommt tiefe Reue über die eigenen Handlungen hinzu. Sogar irrationale Bestrafungsphantasien bahnen sich ihren Weg:

- «Hätte ich das bloß nie gefunden / diese Trauerkarte nur nie abgeschickt!»
- «Wäre ich nur nicht so gründlich gewesen!»
- «Kein Wunder, dass mich das so umtreibt, schließlich wollte Mutter ja nicht, dass ich das finde.»
- «Das ist die Strafe dafür, dass ich hier alles auseinanderreiße.»

Phase #5: Sie akzeptieren, was passiert ist
Sie unternehmen etwas, um dem Schock-Moment seinen Schrecken zu nehmen. Sie integrieren ihn dauerhaft in Ihr weiteres Handeln und Fühlen. Sie können wieder klar denken und fangen an, alles das zu tun und zu regeln, was getan und geregelt werden muss.

Begreiflicherweise möchte jeder in dieser Situation die fünfte Phase so schnell wie möglich erreichen. Sie fühlt sich einfach besser an als die vorhergehenden, und man kommt endlich wieder ins Handeln. Viele versuchen deshalb, ihre widerstreitenden Gefühle einfach beiseite zu drängen – Hauptsache, diese Untätigkeit hört endlich auf. Diese Versuche verlieren sich jedoch oft in allen möglichen «Abers». Zweifel und Zögern übernehmen die Regie. Am Ende bleibt das Gefühl, es nicht zu schaffen und weiter in diesem Gefühlschaos zu stecken.

Anleitung

Beobachten Sie sich selbst

- Welche der gerade beispielhaft aufgeführten Empfindungen oder Äußerungen entdecken Sie bei sich?
- Verteilen sich Ihre Gefühle aktuell auf mehrere Phasen gleichzeitig?
- Oder finden Sie sich vorwiegend in einer oder allenfalls zwei davon wieder? Wo stehen Sie zurzeit?
- Versuchen Sie nicht sofort, etwas aus diesem Wissen «zu machen». Gehen Sie stattdessen behutsam mit sich und der Situation um. Dazu gehört vor allem, dass Sie für sich selbst klären, ob, wie und mit wem Sie ggf. darüber sprechen wollen. Fällen Sie keine voreiligen Entscheidungen.

Überprüfen Sie bewusst und mehrmals hintereinander (z. B. innerhalb eines Tages), ob und mit wem Sie über das Erlebte sprechen wollen

- Wenn Sie spontan beschließen, niemandem etwas davon zu erzählen, denken Sie einige Stunden später oder am nächsten Tag erneut darüber nach. Ihre Seele ist dabei, das Erlebte zu verarbeiten, auch wenn Sie nicht in jeder Sekunde bewusst daran denken. Es ist gut möglich, dass Sie nach zwei, drei Malen plötzlich an eine Person denken, der Sie doch gern alles erzählen wollen.
- Wenn Sie unbedingt jemandem davon erzählen wollen: Wer fällt Ihnen ein – und warum? Ihr Zuhörer sollte einfühlsam sein, gut zuhören können, auf keinen Fall sofort mit gut gemeinten Ratschlägen antworten und vor allem: integer sein. Auf gut Deutsch: Er oder sie sollte weder sensationsgierig noch eine Klatschbase sein. Sie sollten sich beim ihm oder ihr gewiss sein können, dass das von Ihnen Erzählte nicht bei anderen landen wird.

- Seien Sie vorsichtig: Sie müssen ggf. ein Leben lang damit klarkommen, dass jemand anderes die Geschichte kennt. Wenn Sie diesem Jemand nicht wirklich vertrauen, nützt Ihnen spätere Reue gar nichts.

Überprüfen Sie, ob Sie das Erlebte aus sachlichen Gründen umgehend anderen erzählen sollten

Der Schock-Moment kann es notwendig machen, *auf jeden Fall* mit jemandem darüber zu sprechen – und zwar egal, ob Sie das wollen oder nicht. Mit den folgenden Fragen können Sie überprüfen, ob dies der Fall ist.

- *Bringt der Schock-Moment unmittelbar juristische Auswirkungen mit sich oder könnten diese in absehbarer Zeit eintreten?* Wenn Sie diese Frage auch nur ansatzweise mit Ja beantworten oder Ihr Gefühl entsprechend reagiert, besprechen Sie das Ganze umgehend mit Ihrem Rechtsbeistand. Wenn – wie in einem der oben aufgeführten Beispiele – plötzlich eine Person auf die Bühne tritt, die Erbansprüche geltend macht, ist das besonders wichtig. Ändern Sie ggf. Ihren Zeitplan, bis Sie Genaueres wissen. Mit plötzlich aufkommenden juristischen Fragen *müssen* Sie sich auseinandersetzen.
- *Ändert das Erlebte etwas an Ihrem Zeitplan für Ihre weiteren Aktivitäten? Müssen eventuell Helfer Bescheid wissen?* Unterscheiden Sie in diesem Fall zwischen der Tatsache, *dass* Sie etwas sagen müssen, und der Frage, *was* Sie erzählen. Wenn Sie sich (zunächst noch) nicht vorstellen können, einem Helfer zu erzählen, was Sie erlebt haben, können Sie z. B. eine Terminverschiebung erbitten, ohne den Grund zu nennen: «Ich muss leider den Termin, an dem ich deine Hilfe in Anspruch nehmen wollte, verschieben. Könntest du auch am …?»
- *Haben Sie den Schock-Moment alleine erlebt, oder war noch jemand anderes anwesend, als er passierte (so wie oben im Beispiel des unbekannten Kellerraumes)?*

Wenn Sie den Moment nicht allein erlebt haben, sollten Sie sich dazu durchringen, das Erlebte einer weiteren Person zu erzählen. Das gilt insbesondere dann, wenn Ihre Bedeutsamen Anderen denjenigen kennen, der im Schock-Moment dabei war. Je nachdem, worum es dabei inhaltlich geht, werden Ihre Bedeutsamen Anderen Sie zu Recht fragen, warum sie nicht von Ihnen, sondern von diesem Dritten von der Geschichte erfahren haben.

Ihre Bedeutsamen Anderen bei diesem Schritt

Ist es auch nur ansatzweise denkbar, dass Ihre Bedeutsamen Anderen das Schock-Thema von früher kennen könnten? Könnten sie bereits von anderen davon erfahren, bevor Sie sich dazu durchringen, es ihnen zu erzählen?

Sprechen Sie das Ereignis an und trennen Sie dabei die Frage, *ob* Sie etwas sagen, von der Frage, *was* Sie sagen: «Ich habe etwas in unserem Elternhaus gefunden / gesehen, was ich sehr schrecklich finde. Für mich war es wirklich sehr [hier nennen Sie Ihr Gefühl]. Möchtet ihr das wissen oder soll ich noch damit warten, es euch zu erzählen?»

Lehnt Ihr Gegenüber ab, bedanken Sie sich für seine Ehrlichkeit und bieten Sie an, jederzeit darauf zurückzukommen.

Vielleicht werden Sie als Überbringerin der schlechten Nachricht selbst Gegenstand von Empörung. Weisen Sie ruhig und ohne Aufregung deutlich darauf hin, dass Sie nichts verbrochen haben, sondern nur darstellen, was Sie erlebt haben. Wehren Sie sich ruhig, aber bestimmt gegen Schuldzuweisungen.

Wenn Sie sich für das, was Ihnen Ihre Eltern mit dieser Situation eingebrockt haben, fremdschämen, ist das nachvollziehbar. Es sollte aber nicht Ihr Handeln bestimmen, denn: Sie trifft keine Schuld an dem, was Ihre Eltern Ihnen da hinterlassen haben.

Behalten Sie die Geschichte nur dann für sich, wenn Sie spüren, dass Sie damit umgehen können, und wenn wirklich keine Gefahr besteht, dass jemand über Umwege von der Geschichte erfährt, Nachteile durch Ihr Schweigen erleiden oder Sie sogar durch Mitwissen erpressen könnte. In allen anderen Fällen denken Sie nach, *mit wem*, aber nicht: *ob* Sie Ihr Wissen teilen.

Literatur-Empfehlungen

Resilienz (Widerstands- und Bewältigungskraft)

Berndt, Christina (2015): Resilienz – Das Geheimnis der psychischen Widerstandskraft. München.

Kalbheim, Eva (2023): Resilienz für Dummies. Weinheim.

Wellensiek, Sylvia (2020): Logbuch Resilienz. Weinheim.

Traumabewältigung

Bachmaier, Kerstin (2022): Narben der Seele – Trauma erkennen, überwinden und liebevoll heilen: Wie Sie traumatische Erlebnisse schnell und effektiv verarbeiten und wieder Freude am Leben gewinnen. Selbstverlag.

Ehring, Thomas; Ehlers, Anke (2012): Ratgeber Trauma und Posttraumatische Belastungsstörung. Göttingen.

Herbert, Claudia; Wetmore, Ann (2006): Wenn Albträume wahr werden. München.

Neunter Schritt
Ihre Mühe – Sich belohnen und Kräfte sammeln

Im neunten Schritt geht es für Sie darum, Luft zu holen und die bisherigen Erfolge und Erlebnisse während der zurückliegenden Schritte Revue passieren zu lassen. Und: Sie schöpfen hier Kraft für die letzten drei Schritte und belohnen sich für das, was Sie bis hierhin erreicht haben.

Das beschäftigt Töchter und Söhne gerade

Dieser Schock-Moment hat etwas in Ihnen verändert. Was da genau passiert ist? So richtig wissen Sie das selbst noch nicht. Es ist immer noch Ihr Elternhaus, keine Frage, aber anders als vorher. Natürlich, zwischendurch überfällt Sie immer mal wieder ein leises Zögern, Traurigkeit und Melancholie, vielleicht auch der alte Zorn oder ein anderes vertrautes Gefühl. Aber all das lähmt Sie nicht mehr so massiv, wie es am Anfang der Fall war.

Der Abschied von diesem Ort rückt näher. Ein paar wichtige Entscheidungen stehen noch an. Aber Sie spüren schon jetzt, dass Sie sich von all dem nicht mehr so sehr vereinnahmen lassen wie noch vor Kurzem. Manchmal klopfen Sie sich sogar selbst auf die Schulter, wenn etwas besser gelaufen ist als erhofft.

Die Krise ist überstanden, der Held hat überlebt. Er hat zwar Federn gelassen, vielleicht etwas Wichtiges verloren oder im übertragenen Sinne einen Teil von sich zurückgelassen. Jetzt aber öffnen sich Wege, die bisher nicht erkennbar waren. Der Held kann seinen Erfolg wahrnehmen und wertschätzen.

Frühstück zu Hause und Fotos im Keller

Es ist Samstagvormittag. Der erste Samstag seit Wochen, an dem ich nicht mit Jan und Philipp im Transporter unterwegs bin. Merkwürdig fühlt sich das an, fast so wie früher, aber trotzdem ganz anders.

Seit gestern Abend stehen in meinem Keller acht Aktenkartons voller Fotoalben. Demnächst kommen noch ein paar Kisten hinzu. Dinge, von denen sich meine Eltern noch nicht trennen können, die aber in der neuen Wohnung der beiden ebenfalls keinen Platz mehr finden werden.

Die letzten Wochen hatten es in sich. Ich schaue mir meine Listen an und lasse die Tage Revue passieren. Bei allen Schwierigkeiten: Bis jetzt ist es wirklich ganz gut gelaufen. Mal abgesehen von diesem einen dunklen Moment. Wenn ich nur daran denke, zieht sich immer noch alles in mir zusammen. Ich will nicht wirklich darüber nachdenken, merke aber, wie intensiv er war. Ich verschweige Ihnen, was ihn ausgemacht hat. Er hat mich traurig und sehr wehmütig werden lassen. Ich mag ihn nicht auf diesen Buchseiten verewigt wissen, sondern habe meinen Weg jenseits dieses Buches gefunden, um das Gute für mich darin zu sehen und daraus zu lernen. Vielleicht würden Sie es ja ganz genauso halten?

Nach meinem Frühstück schaue ich mich um. Ich habe einen ganzen Samstag lang Zeit für mich. Was mache ich denn jetzt damit? Tausend Dinge fallen mir ein, die ich alle in den letzten Wochen vor mir hergeschoben habe. Ich bin erschöpft, erleichtert – und habe Lust auf gar nichts. Schließlich gehe ich doch in den Keller und baue ein Regal auf, das ich gekauft habe, um die Fotoalben darin zu verstauen. Ich hatte mir geschworen, keine Dinge meiner Eltern bei mir zwischenzulagern und mir damit den Keller vollzustellen. Aber durch diesen einen Moment hat sich einiges geändert. Ich werde noch weitere Dinge in den Keller stellen, sei's drum.

Etwas später ist das Regal aufgebaut. Sorgfältig in unzähligen Bildern dokumentiert steht das gesamte Leben meiner Eltern vor mir. Ich ziehe einen Band heraus, nur einen Augenblick mal drin blättern ... Als mir endgültig kalt wird und ich zurück in meine Wohnung gehe, ist eine gute Stunde vergangen. Und an diesem Tag mache ich als «Belohnung» für die letzten Wochen mal – gar nichts.

Bleibt alles anders oder: Keine Ahnung, was ich gerade fühle?!

Nachdem der Schock halbwegs verdaut ist, fühlt sich häufig alles merkwürdig verändert an.

Vielleicht ist Ihnen bewusst geworden, dass Vater oder Mutter doch nicht durchweg so schlimm waren, wie Sie das bisher in Ihrer Erinnerung abgespeichert hatten. Sie spüren einen Anflug von Versöhnungsbereitschaft – vor kurzer Zeit noch völlig undenkbar.

Oder Sie grenzen sich stattdessen deutlicher als zuvor von den beiden ab, weil Ihre übelsten Ahnungen bestätigt und sogar übertroffen wurden. Wie konnten sie nur! Wut, Ohnmacht und Schmerz werden vielleicht noch stärker als bisher. Die Anstrengung, alles zu tun, um trotzdem handlungsfähig zu bleiben, sitzt Ihnen in jeder Sekunde in den Knochen.

Vielleicht hat der Schock-Moment aber auch dazu geführt, dass Sie eine Täuschung erkannt und durchschaut haben. Seitdem macht sich in Ihnen geradezu unglaubliche Verbitterung oder Erleichterung breit: In all den Jahren zuvor haben Sie sich also doch nicht geirrt! Es fühlt sich an, als ob Ihre über die Zeit arg angekratzte Selbstachtung gerade aus einem langen Winterschlaf erwacht.

Welche Gefühlslage Sie auch immer gerade beherrscht: Sie bemerken, dass Sie jetzt Dinge tun, die Sie vorher niemals in oder mit

Ihrem Elternhaus in Angriff genommen hätten. Etwas, das Sie als Erinnerungsstück ausgesucht hatten, stellen Sie beherzt an seinen Platz zurück: Nein, das will ich doch nicht. Sie wählen (stattdessen) entschlossen einen anderen Gegenstand aus oder sind bereit, ein seit Wochen umstrittenes «Objekt der Begierde» doch Ihrer Schwester oder Ihrem Bruder zu überlassen. Fast erleichtert werfen Sie etwas in den Müll, um das Sie wochenlang unentschlossen herumgeschlichen sind.

Wertschätzung für Sie selbst?!

Die meisten Menschen schauen erstaunt auf, wenn ich sie angesichts des inzwischen deutlich geleerten Elternhauses frage, ob sie sich für ihren bisherigen Erfolg eigentlich schon belohnt und sich innerlich bewusst sortiert haben. Meist ernte ich Verwunderung: Sich belohnen – wofür denn?

Hier im achten Schritt geht es darum, dass Sie einen Tag lang Luft holen und Ihr Elternhaus einfach mal Elternhaus sein lassen. Sie fragen sich gerade, wo Sie denn bitte *einen ganzen Tag* hernehmen sollen? Genau das meine ich. Sie haben viel Arbeit in Ihr Elternhaus gesteckt: körperlich, organisatorisch und emotional. Der Schock-Moment hat noch einmal zusätzlich mehr oder weniger viel Energie gekostet. Andererseits brauchen Sie für die noch vor Ihnen liegenden drei letzten Schritte noch einmal eine Menge Kraft. Damit Sie nicht auf der Zielgeraden doch noch «schlappmachen», sollten Sie sich jetzt unbedingt eine kleine Auszeit gönnen. Es ist jetzt wichtig, dass Sie

- den «inneren Mix» von teils ganz unterschiedlichen Empfindungen entwirren und sie klar benennen;
- erkennen, was Sie aus dem Schock-Moment lernen können;
- sich selbst für das Erreichte bewusst belohnen, also etwas tun, was Ihnen wirklich guttut.

Damit meine ich nicht, dass Sie sich einen Tag freinehmen, um dann den Wäscheberg zu Hause wegzuwaschen, die Küche sauber zu machen und einmal durchzusaugen. Das haben hoffentlich – dank Ihrer Vorbereitung im vierten Schritt – Ihre Liebsten bereits für Sie erledigt. Wenn nicht, oder wenn Sie alleine wohnen: Lassen Sie Wäsche, Küche und Staubsauger links liegen. Auf den einen Tag kommt es jetzt auch nicht mehr an. An diesem einen Tag dreht sich alles um *Sie* und nicht um Dinge, die erledigt werden müssen.

Selbst wenn es schwerfällt: Bitten Sie Ihre Liebsten, Sie an diesem Tag in Ruhe zu lassen. Oder, wenn Sie das als Belohnung für sich selbst empfinden, versprechen Sie ihnen, den Rest des Tages mit ihnen zu verbringen, *nachdem* Sie etwas Zeit am Vormittag für sich *allein* hatten. Halten Sie diese Reihenfolge ein, damit Sie zu sich kommen!

Anleitung und Arbeitshilfen

Ihre Gefühle sortieren

- Legen Sie sich die beiden Arbeitshilfen für diesen Schritt bereit oder fertigen Sie sich ein paar Kopien davon an. Sie brauchen außerdem zwei Stifte oder Textmarker mit verschiedenen Farben.
- Führen Sie sich nun noch einmal bewusst vor Augen, was Sie schon alles in Ihrem Elternhaus erledigt und durchgestanden haben. Gehen Sie hierzu die zurückliegenden Schritte in Gedanken rückwärts durch, also vom achten Schritt zurück bis zum ersten. Konzentrieren Sie sich für einen kurzen Augenblick auf den Schock-Moment. Markieren Sie in *Arbeitshilfe 9.1 – Emotionscanner* intuitiv und ohne lange nachzudenken fünf bis sechs Begriffe, die ausdrücken, wie Sie sich *im Moment des Schocks* gefühlt haben.
- Nehmen Sie anschließend einen Stift mit einer anderen Farbe

und kennzeichnen Sie fünf bis sechs Begriffe, die ausdrücken, wie es Ihnen *gerade jetzt* geht.

- Übertragen Sie alle ausgewählten Begriffe in *Arbeitshilfe 9.2 – Emotionale Umzugskiste.* Hat sich zwischen diesen beiden Zeitpunkten bereits etwas verändert? Das kann, muss aber nicht sein. Wichtig ist nur, dass Sie hier erst einmal alle diese Gefühle auf Papier bringen. Sie brauchen diese Arbeitshilfe noch einmal im zwölften, dem letzten Schritt.
- Ansonsten gibt es hierzu gerade nichts weiter zu tun. Außer: Legen Sie die beiden Arbeitshilfen 9.1 und 9.2 zu Ihren anderen Arbeitshilfen.

Belohnen und wertschätzen Sie sich – trotz aller Störungen

- Gönnen Sie sich eine Belohnung für alles, was Sie geschafft haben. Tun Sie etwas, das Ihnen wirklich Spaß macht und sich gut anfühlt und wozu Sie in den letzten Tagen oder Wochen kaum oder gar nicht gekommen sind. Lassen Sie Verpflichtungen links liegen.
- Egal, was Sie tun: Genießen Sie es. Ein Kaffee in der Sonne, ein Kinobesuch mit Ihrer besten Freundin, drei Stunden am Stück mitten am Tag schlafen, weil das für Sie vor lauter Erschöpfung gerade der denkbar größte Luxus ist – tun Sie, was Ihnen guttut.
- Lassen Sie sich von Störungen nicht beirren. Irgendetwas ist immer – verstehen Sie das als «Anfrage des Lebens» an Sie, ob Sie das mit der Wertschätzung für sich wirklich ernst meinen. Geben Sie nicht auf und seien Sie kreativ. Irgendwo ist die Lücke, die Sie nutzen können. Lassen Sie diese Selbst-Belohnung auf keinen Fall aus – ganz besonders dann nicht, wenn Sie es seit Jahren gewohnt sind, ohne einen Dank von anderen oder gegenüber sich selbst zu funktionieren. Diese Auszeit lässt Sie Kraft sammeln für die noch anstehenden letzten drei Schritte.

Literatur-Empfehlungen

Emotionscanner® (2022). Lüneburg.

Grafik Werkstatt (Hg., 2022): Tischaufsteller «Kleine Pause, großes Glück»: 24 Ideen für kleine Auszeiten. Gütersloh.

Kobbeloer, Michael (2022): FühlBar. 88 Methoden zum Arbeiten mit dem Emotionscanner®. Lüneburg.

Mauerer, Ilse (2011): Mehr innere Ruhe und Frieden durch mentale Übungen und meditative Reisen. Audio-CD.

Arbeitshilfe 9.1

Emotionscanner® 1/2

abgelehnt, abgeneigt, abgespannt, abgestellt, abwehrend, abwesend, aggressiv, aktiv, alarmiert, anerkannt, angeekelt, angegriffen, angenommen, angespannt, ängstlich, angstvoll, antriebsarm, apathisch, ärgerlich, argwöhnisch, attackiert, aufgebracht, aufgedreht, aufgeregt, aufgewühlt, ausgebeutet, ausgelaugt, ausgenutzt, ausgeruht, ausgestoßen, beängstigt, bedrängt, bedroht, bedrückt, befangen, beflügelt, befreit, befriedigt, begeistert, begierig, beklommen, bekümmert, belastet, belebt, beleidigt, belogen, belustigt, benutzt, beraten, berauscht, bereichert, beruhigt, beschämt, beschützt, beschwingt, besorgt, bestätigt, bestraft, betäubt, betroffen, betrogen, betrübt, bevormundet, bewegt, bewegungslos, bezaubert, bitter, blockiert, brillant, chaotisch, dankbar, deplatziert, deprimiert, distanziert, dumpf, düster, echt, eifersüchtig, einbezogen, eingeengt, einsam, einzigartig, ekelerfüllt, elektrisiert, empört, energiegeladen, energielos, entlastet, entrüstet, entsetzt, entspannt, enttäuscht, erdrückt, erfreut, ergriffen, erleichtert, ermüdet, ermutigt, erniedrigt, ernüchtert, erschöpft, erschreckt, erschüttert, erstarrt, erstaunt, fassungslos, fasziniert, festgenagelt, frei, freudlos, friedlich, fröhlich, frustriert, gebannt, geborgen, gedrängt, gefangen, gehemmt, geladen, gelassen, geliebt, gequält, gerührt, geschockt, gesehen, gestresst, getäuscht, getrieben, handlungsunfähig, hart, hasserfüllt, herabgesetzt, hereingelegt, hintergangen, hoffnungslos,

Emotionscanner® ist eine Marke der Firma emodaktik®, Lüneburg

Arbeitshilfe 9.1

Emotionscanner® 2/2

hoffnungsvoll, inspiriert, instabil, isoliert, kleingemacht, konfus, kraftlos, kribbelig, kummervoll, leblos, liebevoll, manipuliert, melancholisch, minderwertig, missachtet, missverstanden, müde, munter, nachdenklich, niedergeschlagen, offen, ohnmächtig, perplex, phantastisch, provoziert, reingelegt, resigniert, respektiert, ruhelos, ruhig, sabotiert, schikaniert, schlapp, schockiert, schutzlos, schwach, schwermütig, sehnsüchtig, sentimental, skeptisch, sorgenvoll, sorglos, sprachlos, stark, still, stolz, tapfer, tatkräftig, teilnahmslos, traurig, trotzig, trübsinnig, überarbeitet, überdrüssig, übergangen, überglücklich, überlastet, überlistet, übermütig, überrascht, überwältigt, unausgeglichen, unbehaglich, unbekümmert, unbeschwert, unbeteiligt, unentschlossen, unerwünscht, ungeduldig, ungehalten, ungehört, unglücklich, unklar, unruhig, unsicher, unsterblich, unterdrückt, unterstützt, unverstanden, unwichtig, unwillig, unwohl, unzufrieden, verängstigt, verärgert, verbittert, verblüfft, verfolgt, vergnügt, verkrampft, verlegen, verletzbar, verletzt, verloren, verrückt, verschreckt, verspannt, verstanden, verstimmt, verstört, verunsichert, verwirrt, verwundert, verzagt, verzweifelt, wach, wertgeschätzt, wertvoll, wild, wunderbar, wundervoll, wütend, zerknirscht, zermürbt, zerrissen, ziellos, zögerlich, zornig, zufrieden, zugeneigt, zugewandt, zurückgezogen, zuversichtlich, zweifelnd, zwiespältig, zynisch, ...

Emotionscanner® ist eine Marke der Firma emodaktik®, Lüneburg

Arbeitshilfe 9.2

Emotionale Umzugskiste

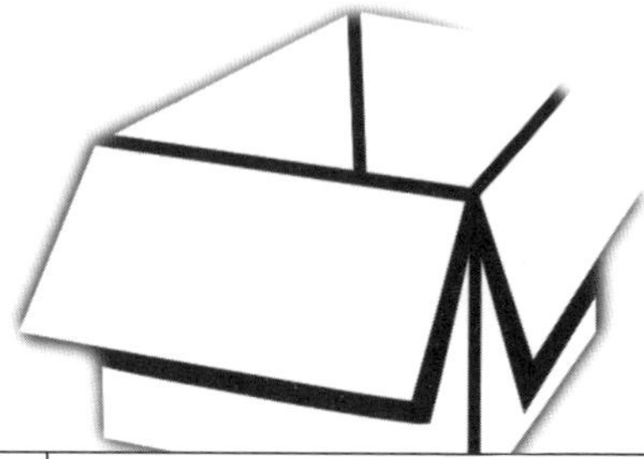

Meine Gefühle im *Schock-Moment*	Meine Gefühle *aktuell*

Quelle Karton-Grafik: *www.clker.com/cliparts/n/Z/w/D/H/a/box-outline-hi.png*, Abruf 27.02.23

Dritte Phase

Loslassen

Zehnter Schritt
Die letzten Entscheidungen – Zukunft des Hauses, Maklerin und Entrümpler

Im zehnten Schritt fällen Sie – wenn noch nicht geschehen – die letzten großen Entscheidungen. Damit kommt das Ende all der Plackerei das erste Mal wirklich in Sicht.

Das beschäftigt Töchter und Söhne gerade

Diese Mischung aus Erschöpfung, Ungeduld, vielleicht auch heimlicher Vorfreude und Melancholie: Bald ist endlich alles fertig. Sie wollen Ihr altes Leben zurück. Aber ein paar Fragen sind immer noch offen: Was soll mit Ihrem Elternhaus passieren? Und wenn verkaufen: Mit einem Makler oder alles selbst erledigen? Oder was muss getan werden, bevor das Mietverhältnis endet? Und am Schluss einen Entrümpler holen oder alles selbst entsorgen?

Der Held entscheidet sich: Er will seine alte Welt zurück, wissend, dass er Erfahrungen mit dorthin nehmen wird, die ihn verändert haben. Aber er muss auch Dinge auf Nimmerwiedersehen verabschieden, um wirklich zurückkehren zu können. Fest entschlossen tut er alles, um zu einem guten Ende zu kommen, sein altes Leben wieder aufnehmen zu können. Er ahnt, dass es noch mal schwierig werden könnte. Aber ihn wird jetzt nichts mehr aufhalten.

Vorbereitung auf den Abschied: Was Sie noch entscheiden müssen

Der Abschied vom Elternhaus kommt mit großen Schritten näher. Sie sehnen ihn herbei oder fürchten sich davor. Eventuell noch anstehende Entscheidungen zu verschieben ist keine Alternative mehr. Falls noch nicht geschehen, entscheiden Sie in diesem Schritt,

- was mit Haus oder Wohnung passieren soll;
- ob Sie das Haus / die Wohnung selbst verkaufen oder lieber einen Makler damit beauftragen wollen; und
- ob Sie einen Entrümpler beauftragen oder alles selbst erledigen.

Bei einem gemieteten Haus oder einer Mietwohnung

- kündigen Sie jetzt spätestens den Miet- und alle Versorgungsverträge (z.B. Stadtwerke und Telefon), es sei denn, in Ihrem Fall sprechen bestimmte Argumente dagegen und / oder in der Abstimmung mit Ihrem Rechtsbeistand im zweiten Schritt ist klargeworden, dass Sie dies erst später tun sollten.

Entscheiden Sie spätestens jetzt über das Schicksal des Hauses / der Wohnung

Schieben Sie diese Entscheidung nicht noch weiter hinaus. Sie laufen sonst Gefahr, dass das Haus lange in unbewohntem Zustand leer steht. Das beschert Ihnen zusätzliche Unterhaltungskosten, z.B. in Form von weiterlaufenden Wohngebäude-, Hausrat- und Haftpflichtversicherungen, Energie-, Wasser- und Gaskosten usw. Reparaturen können notwendig werden; von der Notwendigkeit, regelmäßig nach dem Rechten zu sehen, ganz zu schweigen.

Naturgemäß stellt sich die Frage nach dem Schicksal eines gemieteten Hauses oder einer Mietwohnung nicht in dieser Form; das Mietobjekt muss in jedem Fall an den Vermieter übergeben werden. Haben Sie den Mietvertrag bisher noch nicht gekündigt, tun Sie das unbedingt jetzt. Wie schon im zweiten Schritt erwähnt, beträgt die Kündigungsfrist für Mieter grundsätzlich drei Monate, auch wenn der alte Mietvertrag noch andere, inzwischen aber unwirksam gewordene Regelungen enthalten sollte (dieses Thema haben Sie hoffentlich im zweiten Schritt bereits mit Ihrem Rechtsbeistand geklärt). Ab «jetzt» noch drei Monate sollte in jedem Fall ausreichen, um alle noch notwendigen Aktivitäten von Ihrer Seite aus zu erledigen. Kündigen Sie später, zahlen Sie unnötig weiter Miete und Nebenkosten für ein dann schon leer stehendes Haus oder eine solche Wohnung.

Überlegen Sie, Geld in die Hand zu nehmen

Gerade weil Sie nach all den vorangegangenen Schritten vermutlich erschöpft und ausgelaugt sind: Entscheiden Sie jetzt klug, was die mögliche Zusammenarbeit mit einer Maklerin und einem Entrümpler betrifft.

Sie fragen sich, wie Sie diese Dienstleister bezahlen sollen? Damit Sie nicht weiter durch diese Frage abgelenkt werden und stattdessen in Ruhe über die Vorteile einer Zusammenarbeit mit Maklerin und Entrümpler nachdenken können, starten wir hier direkt mit der Frage, was da finanziell auf Sie zukommt und wie Sie hier klug vorgehen können.

Sprechen Sie über Kosten und stimmen Sie Zahlungstermine ab – statt sich vor beidem zu fürchten

Eine *Maklerprovision* wird aus dem tatsächlich erzielten Verkaufspreis von Haus oder Wohnung bzw. dem monatlichen Mietzins bei deren Vermietung errechnet. Die Maklerin wird Ihnen bei einem Kennenlern-Gespräch ihren Provisionssatz nennen, zurzeit in der Regel irgendetwas um die sieben Prozent. Die Hälfte davon entfällt dann auf Sie, denn gemäß der gesetzlichen Regelung von Ende 2020 sind sowohl Käufer als auch Verkäufer verpflichtet, jeweils die Hälfte zu bezahlen. Um ganz sicher zu sein, fragen Sie explizit nach, wie hoch *Ihr Anteil* sein wird. Achtung: Bei *Vermietung* von Haus oder Wohnung mit Hilfe eines Maklers gilt jedoch seit 2015 das sogenannte «Besteller-Prinzip»: Wer hier einen Makler beauftragt, bezahlt ihn auch komplett allein.

Einen *Haus- oder Wohnungsverkauf* müssen Sie mit einem Notar abwickeln. Ohne einen notariell beurkundeten Kaufvertrag ist ein Haus- oder Wohnungsverkauf gemäß § 313 BGB ungültig. Die dadurch anfallenden *Notarkosten* werden in der Regel vom Käufer gezahlt. Das ist erst einmal eine für Sie günstige Regelung. Es gibt aber auch Notare, die die Notarkosten auf Käufer und Verkäufer aufteilen. Besprechen Sie das ebenfalls rechtzeitig mit der Maklerin, damit Sie außerdem auch mögliche Zusatzkosten kennen, die z. B. durch eine notwendige Löschung von Grundbucheinträgen, die der Notar beantragt, auf Sie zukommen können. Es kann im Einzelfall im Rahmen der Verkaufsgespräche auch durchaus strategisch klug sein, dem Käufer anzubieten, die Hälfte der Notarkosten zu übernehmen. Ihre Maklerin wird das im Fall der Fälle mit Ihnen besprechen.

Entrümpler unterscheiden zwischen Festpreisangebot und Kostenvoranschlag. Ein seriöses Festpreisangebot enthält auch – separat aufgeschlüsselt – Fahrt- und sonstige Nebenkosten, wie z. B. Entsorgungsgebühren, und es nennt Ihnen eine feste Summe. Ein Kostenvoranschlag enthält dagegen nur eine Schätzung der anfallenden Kosten. Die abschließende Rechnung darf dann laut Gesetz maximal bis zu zwanzig Prozent höher ausfallen. Da der Entrümpler in der Regel interessiert daran ist, noch verwertbare Dinge aus Ihrem Elternhaus weiterzuverkaufen, wird er ggf. diese Dinge in sein Festpreisangebot hineinrechnen. Er erstellt dieses Angebot auf Basis einer Vor-Ort-Besichtigung sowie einer genauen Absprache mit Ihnen, welche Dinge er aus dem Haus nehmen und was ggf. im Haus verbleiben soll. Weitere Details hierzu weiter unten im Abschnitt «Anleitung und Arbeitshilfen».

Wie bezahlen?

Alle diese Kosten können Sie aus dem für Wohnung oder Haus erzielten Verkaufserlös bezahlen. Sie müssen also dafür nicht in jedem Fall auf Ihr eigenes Vermögen zugreifen. Das gilt allerdings nur dann, wenn Sie dieses Thema rechtzeitig mit der Maklerin klären. Ist Ihnen das unangenehm, tun Sie es erst recht, damit Sie später keine bösen Überraschungen erleben.

Maklerin und Notar dürfen ihre Rechnungen an Sie erst nach Abschluss des Kaufvertrages stellen. Klären Sie mit Maklerin, Notar und Entrümpler, dass Sie deren Rechnungen erst nach Eingang des Kaufpreises auf Ihrem Konto zahlen werden. Sollte das – aus welchen Gründen auch immer – nicht möglich sein, besteht auch die Möglichkeit, beim Notar eine sogenannte Teilabtretung des Kaufpreises an diese Rechnungsteller zu vereinbaren. Ob das in Ihrem konkreten Fall eine interessante Option ist, können Sie ebenfalls mit Maklerin und Notar besprechen und sich von beiden hierzu beraten lassen.

Wenn Sie eine Mietwohnung oder ein gemietetes Haus auflösen, erzielen Sie naheliegenderweise keinen Verkaufserlös. In diesem Fall könnten Sie jedoch die Kosten für einen Entrümpler vom Konto Ihrer Eltern bezahlen, sofern dieses hierfür eine ausreichende Deckung aufweist.

Bei diesem Thema tritt der Nutzen Ihres Gesprächs mit einem Rechtsbeistand (siehe zweiter Schritt) noch einmal unmittelbar zutage: Dort sollte zur Sprache gekommen sein, wie die finanzielle Situation Ihrer Eltern aussieht und ob es vor diesem Hintergrund überhaupt ratsam ist, das Erbe Ihrer Eltern anzunehmen. Sie sollten daher einen Überblick über die finanziellen Verhältnisse Ihrer Eltern haben und einschätzen können, ob Sie die Kosten für einen Entrümpler aus den vorhandenen finanziellen Mitteln bezahlen könnten und dürfen. Das gilt entsprechend auch, wenn Ihre Eltern noch nicht verstorben sind, sondern Sie sich jetzt um die beiden und alles andere kümmern.

Falls Sie das bis hierhin noch nicht getan haben: Denken Sie an die von Ihren Eltern geleistete Kaution, die diese in der Regel (vor langer Zeit) gezahlt haben und die hoffentlich angemessen verzinst wurde. Bei Rückgabe von Haus oder Wohnung muss diese vom Vermieter an Sie bzw. Ihre Eltern zurückgezahlt werden. Vielleicht reicht diese aus, damit Sie sich das eigenhändige Entrümpeln ersparen können?

Lassen Sie sich also bei der Entscheidung für bzw. gegen Maklerin und Entrümpler nicht von der Angst vor den damit verbundenen Kosten leiten. Prüfen Sie Ihre Situation noch einmal gründlich. Und danach horchen Sie in sich hinein: Was können Sie kräftemäßig jetzt noch leisten? Schaffen Sie Entrümpeln und Verkaufen wirklich noch auf eigene Faust? Haben Sie überhaupt einen genauen Überblick darüber, was Sie hierfür alles tun müssen?

Beauftragen Sie spätestens jetzt eine Maklerin

Das Elternhaus leer zu räumen ist die eine Sache, es zu verkaufen eine andere. Überlegen Sie sich dreimal, ob Sie den Verkauf wirklich allein abwickeln wollen. Die meisten Menschen sitzen dem Irrglauben auf, dass eine Maklerin nichts weiter tut, als potenziellen Käufern die Tür aufzuschließen und dafür allen Beteiligten am Ende eine saftige Rechnung zu präsentieren. Dieses Klischee hält sich hartnäckig, ist aber falsch – wenn auch Ausnahmen die Regel bestätigen mögen.

Handeln Sie klug und umsichtig. Wollen Sie sich das wirklich alles selbst aufhalsen, was eine Maklerin für Sie tut? Fotos erstellen, einen für die Immobilie angemessenen Verkaufspreis recherchieren, eine Verkaufsanzeige formulieren und auf die üblichen

Internetplattformen stellen, ein Exposé anlegen, mit Erst-Interessenten kommunizieren, bei Bedarf Exposés versenden und Rückfragen beantworten, sämtliche Erstbesichtigungs-Termine durchführen, eine Vorauswahl potenzieller Kaufinteressenten treffen, weitere Besichtigungstermine koordinieren, alles organisieren, was im Vorfeld des eigentlichen Verkaufs notwendig ist, z. B. auch die Einsicht des potenziellen Käufers in das Grundbuchblatt beim Grundbuchamt, falls Sie nicht selbst – wie bereits im zweiten Schritt empfohlen – eine Kopie vorlegen können. Er sollte sich schließlich vergewissern können, dass Sie bzw. Ihre Eltern wirklich die einzigen Eigentümer sind und keine Eintragungen bestehen, die ihm als künftigem Eigentümer irgendwelche Probleme bereiten können.

Auf Basis ihrer Erfahrung berät die Maklerin Sie außerdem bei der endgültigen Auswahl des Käufers. Wenn Sie Glück haben, sorgt sie mit ihrer Erfahrung und ihrem Gespür auch dafür, dass Sie keinen sogenannten Kauf-Nomaden ins Netz gehen (mehr dazu in den Empfehlungen zum Weiterlesen). In der Regel wählt der Käufer den notwendigen Notar aus; manchmal aber auch die Maklerin. Sie klärt auch ab, dass alle zur Erstellung eines Kaufvertrages notwendigen Dokumente dort rechtzeitig vorliegen. Sie bleibt in Kontakt mit Ihnen, bis der Kaufpreis bezahlt wurde, und ist in der Regel auch bei der Übergabe von Haus oder Wohnung an den neuen Eigentümer dabei. Erst danach endet im Regelfall Ihre Zusammenarbeit.

Beauftragen Sie einen Entrümpler

Nach all der Arbeit, die hinter Ihnen liegt: Haben Sie wirklich noch die Kraft und – mit Blick auf Ihre möglichen Helfer – auch genug Unterstützung und *Manpower*, um sämtliche schweren, zu nichts mehr zu gebrauchenden alten Schränke eigenhändig auseinanderzunehmen und zum Recyclinghof zu schaffen? Wenn

Sie sich fit fühlen und Sie auf Freunde und Helfer zurückgreifen können, die solche und noch eine ganze Reihe anderer schwerer Arbeiten im Handumdrehen erledigen, spricht nichts dagegen, das zu tun. Hüten Sie sich jedoch davor zu glauben, dass das im Vergleich zu einem professionellen Entrümpler immer die kostengünstigere Variante ist. Je nach Entfernung entstehen erhebliche Fahrtkosten für Sie und Ihre Helfer, ggf. sogar Übernachtungskosten. Sie müssen Zeit aufwenden, um alles zu organisieren und um am Wohnort Ihrer Eltern mit dem zuständigen (städtischen) Entsorgungsunternehmen abzuklären, was von den bis jetzt im Haus verbliebenen Dingen Sie in welcher Form, Menge und Sortierung dort wann anliefern dürfen. Sie müssen einen Transporter oder sogar größeren Lieferwagen mieten, um alles (eventuell in mehreren Touren) dorthin zu bringen. Sie müssen Ihre Zeitplanung mit den Öffnungszeiten des Recyclinghofes abstimmen. Geht das nicht, sind Sie vielleicht gezwungen, Urlaub zu nehmen, um z. B. an Werktagen alles abzutransportieren und zu entsorgen. Beim Recyclinghof müssen Sie in der Regel sortenrein entsorgen (das geht in Richtung der Arbeit nach Kategorien, die Sie schon kennen, nur diesmal in Bezug auf die von Ihnen angelieferten Abfallsorten).

Alternativ bestellen Sie einen großen, begehbaren Container. Dieser kann jedoch gut und gerne – je nach Größe – einige hundert Euro Mietgebühr kosten. Dazu kommen Aufstellgebühren, die seitens der Stadt erhoben werden. Alle Entsorgungsfirmen müssen sich ebenfalls streng an Regeln zur Abfalltrennung halten. Befüllen Sie Ihren Container mit Problem-Müll oder mit Materialien, die dort nicht hineingehören, kann ein Nachsortieren notwendig werden, was Ihnen ebenfalls in Rechnung gestellt wird. Müssen Sie z. B. im Rahmen der Entrümpelung Elektrogeräte, Leuchtstoffröhren, alte Marmorfensterbänke, behandeltes Holz, Möbel aus Spanplatten, Dinge aus Kunststoffen sowie die Lack- und Farbensammlung aus der Werkstatt Ihres Vaters entsorgen, brauchen Sie dafür verschiedene Container. Überfüllen Sie diese auf keinen Fall, nur weil Sie glauben, damit die Kosten für weitere Container zu sparen. Wenn der Entsorger am geplanten Abholtermin vor überfüllten Containern steht, kann er sich weigern, diese abzutransportieren und wird Ihnen stattdessen eine Leerfahrt in Rechnung stellen.

Für das Entrümpeln selbst müssen Sie ggf. schweres Werkzeug und Schutzkleidung gegen Gebühr leihen bzw. kaufen, z. B., wenn Sie davon ausgehen müssen, dass Ihnen beim Entfernen eines uralten Einbauschrankes dahinter verbautes asbesthaltiges Dämmmaterial entgegenkommt. Gerade alte Schränke enthalten außerdem selbst oft noch inzwischen verbotene problematische Stoffe, die Sie ungeschützt einatmen, wenn Sie sie mit guter Absicht, aber auf unprofessionelle Art und Weise auseinanderbauen.

Wenn Ihnen die Aufzählung all dessen einen Schrecken einjagt und Ihr Unbehagen dazu führt, dass Sie die Sachen Ihrer Eltern nicht selbst zerstören wollen: Suchen Sie sich einen Entrümpler und lassen Sie ihn das erledigen. Auch das ist kein Verrat an Ihren Eltern. Diese Arbeit selbst zu verrichten, ist nicht automatisch ein Liebesdienst, sondern häufig einfach nur ein Knochenjob, der Sie endgültig an den Rand Ihrer Kräfte und darüber hinausbringt. Fragen Sie Freunde und Bekannte, die das hinter sich haben.

Anleitung und Arbeitshilfen

Tipps für die Suche nach und die Zusammenarbeit mit einer Maklerin

- Schauen Sie bei der Auswahl der Maklerin genau hin. Die Berufsbezeichnung «Immobilienmakler» ist in Deutschland nicht geschützt. Das heißt, dass jede, die sich dazu berufen fühlt, diesen Beruf ausüben kann, sofern sie ein Gewerbe angemeldet hat und nicht vorbestraft ist. Eine seriöse Maklerin mit einer entsprechenden Ausbildung finden Sie bei den Fachverbänden, z. B. unter ivd24immobilien.de/experts/

- Fragen Sie in Ihrem Freundes- und Bekanntenkreis nach Empfehlungen.
- Wenn Sie über Plattformen wie z. B. mcmakler.de suchen, müssen Sie zunächst Ihre Kontaktdaten angeben, bevor Ihnen Immobilienmaklerinnen in Ihrer Nähe angezeigt werden. Wenn das für Sie kein Problem darstellt, erfahren Sie dort ebenfalls Adressen von Anbieterinnen.
- Wählen Sie eine Maklerin aus dem Wohnort Ihrer Eltern oder der allernächsten Umgebung. Sie kennt den Markt und die Verhältnisse vor Ort und verfügt häufig auch über eine Liste mit Interessenten.
- Sprechen Sie mit *mehreren* Maklerinnen. Achten Sie vor allem auf Qualifikationen, wer Ihnen sympathisch ist und wie sich jede Gesprächspartnerin Ihnen und Ihrem Elternhaus gegenüber verhält. Werden Sie skeptisch, wenn sie z. B. einen Verkaufserlös in Aussicht stellt, der selbst einem vollkommenen Laien utopisch vorkommen muss. Vertrauen Sie Ihrer Intuition.
- Erfragen Sie jeweils die Einschätzung in Bezug auf den möglichen Verkaufspreis. Egal, was sie sagt, zeigen Sie sich weder beeindruckt noch empört, sondern fragen Sie interessiert nach, wie sie zu dieser Einschätzung kommt. Vergleichen Sie später die Angaben der unterschiedlichen Maklerinnen.
- Schützen Sie sich vor zu hohen Erwartungen. Ein in die Jahre gekommenes, vierzig Jahre altes Einfamilienhaus oder eine entsprechende Wohnung ist kein Luxusobjekt mehr, auch wenn Wohnung oder Haus genau das einstmals gewesen sind. Für Sie mögen sich mit der alten Fußbodenheizung, der fehlenden IT-Infrastruktur, mit einer zwar erneuerten, aber inzwischen ebenfalls nicht mehr taufrischen Heizungsanlage, der alten Doppelverglasung und den original 1980er Sanitärobjekten in *Bahama-Beige* zahlreiche Geschichten verbinden. Aber all das

spielt für den monetären Wert des Hauses/der Wohnung an dieser Stelle keine Rolle mehr.

- Erzählen Sie der Maklerin stattdessen lieber offen von den Vorzügen und Schwächen Ihres Elternhauses. Zeigen Sie ihr alle Räume und lassen Sie keinen aus falscher Scham aus. Sie muss kennen, was sie verkaufen soll.
- Wählen Sie die Maklerin, bei der Sie das Gefühl haben, ihr wirklich vertrauen zu können.
- Stimmen Sie jetzt schon mit ihr ab, welche Schlüssel zum Haus sie für den Fall braucht, dass Sie sie beauftragen (sie sollte Interessenten wirklich jeden Winkel des Hauses sowie Nebenausgänge zeigen und bei Bedarf auch alle Fenster öffnen können). Prüfen Sie anhand Ihrer Schlüsselliste aus dem sechsten Schritt, *Arbeitshilfe 6.3 – Schlüssel*, welche der genannten Schlüssel ggf. noch fehlen, die Sie suchen bzw. nachmachen lassen müssen. Bitten Sie einen Helfer, sich um die Schlüsselkopien zu kümmern und ggf. auch noch fehlende Schlüssel im Haus zu suchen, damit Sie damit keine Zeit vergeuden.
- Wenn Sie nicht unter Zeitdruck sind, stimmen Sie mit der Maklerin einen Zeitpunkt ab, ab dem sie Anzeigen schaltet und Besichtigungstermine durchführt. Idealerweise sind Sie mit dem Räumen dann schon so weit, dass sich nur noch wenige Dinge im Haus befinden. Aber: Die Räume brauchen keinesfalls vollkommen leer zu sein. Fragen Sie die Maklerin, ob Sie das Haus etwas «aufhübschen» sollten, um die Verkaufschancen zu steigern. Ideen, wie Sie dies tun können, finden Sie im Internet unter dem Begriff *Home Staging* oder auch in den am Ende dieses Kapitels genannten Büchern.
- Überlegen Sie es sich dreimal, ob Sie wirklich bei den Besichtigungsterminen dabei sein wollen. Es fühlt sich nicht gut an, die Gespräche von Interessenten zu verfolgen, die in Ihrem Beisein darüber diskutieren, welche Wände sie herausreißen und welche Bäume im Garten sie fällen wollen – während Sie klamm-

heimlich eigentlich auf ein Kompliment für den in Ihren Augen «doch noch guten» Holzboden hoffen.

Tipps zur Vorbereitung der Rückgabe einer gemieteten Wohnung bzw. eines gemieteten Hauses

- Falls Sie Wohnung oder Haus tatsächlich bisher nicht gekündigt haben, tun Sie es jetzt. Sie zahlen sonst unnötig weiter Miete für eine leer stehende Wohnung.
- Falls Sie bereits gekündigt haben und der Mietvertrag in weniger als einem Monat ausläuft, vereinbaren Sie nun einen konkreten Termin für die Rückgabe. Tun Sie das besonders dann, wenn Sie für diesen Termin ein weiteres Mal eine lange Anreise zur Wohnung / zum Haus Ihrer Eltern in Kauf nehmen müssen.
- Rufen Sie einen Tag vorher noch einmal an. So bringen Sie sich noch mal in Erinnerung, falls der Vermieter bzw. der zuständige Mitarbeiter erkrankt ausfällt, Ihnen aber bisher niemand Bescheid gesagt hat.
- Klären Sie vor dem Rückgabetermin mit einem Anwalt, z. B. dem eines Mietervereins, ob der Vermieter tatsächlich Anspruch auf Schönheitsreparaturen hat oder gar eine Endrenovierung durch Sie verlangen kann. Der Vermieter wird die geltende Rechtslage ebenfalls kennen. Aber gerade sehr alte Mietverträge bieten häufig noch Anlass zur Diskussion, auch wenn Klauseln zu diesen Themen darin dank neuerer Rechtsprechung inzwischen unwirksam sind. Schaffen Sie Klarheit, bevor Sie in Zeitnot geraten und die Rückgabe zum vereinbarten Zeitpunkt deswegen nicht erfolgen kann.
- Laden Sie sich vor dem Termin zur Sicherheit unbedingt ein sogenanntes Übergabeprotokoll herunter. Dieses Dokument ist bei Rückgabe der Mietsache an den Vermieter nicht zwingend vorgeschrieben, hat aber im Streitfall Beweiskraft. Sie finden Unmengen von Vordrucken im Internet, z. B. hier: mietrecht.de/wohnungsuebergabeprotokoll

- Nehmen Sie eine Person Ihres Vertrauens mit zur Übergabe, mit der Sie nach Möglichkeit weder verwandt noch verschwägert sind. Im Ernstfall erhöht das Ihrer beider Glaubwürdigkeit, sollte es tatsächlich zu einem Rechtsstreit kommen.
- Verweigert der Vermieter die Erstellung eines Übergabeprotokolls, fertigen Sie es trotzdem für sich selbst an. Lassen Sie es von Ihrer Begleitperson unterschreiben und unterschreiben Sie es ebenfalls.
- Machen Sie unbedingt auch Fotos, besonders von solchen Stellen, bei denen der Vermieter eine Schadenbeseitigung von Ihnen fordert. Machen Sie keinerlei Zusagen, sondern halten Sie Rücksprache mit einem Experten, z. B. aus einem Mieterverein.
- Plant der Vermieter eine Komplettsanierung der Wohnung nach Beendigung des Mietvertrages, möchte er möglicherweise bereits vor dessen Ablauf die Wohnung in Augenschein nehmen. Dazu hat er in begrenztem Rahmen ein Recht, allerdings nur in Ihrem Beisein. Fragen Sie nach, welche Ansprüche der Vermieter stellt, und überlegen Sie, welche Ihnen möglichen Termine Sie ihm hierfür anbieten wollen – Sie sind nämlich nicht verpflichtet, seine Vorschläge zu akzeptieren.

Tipps zur Suche nach und zur Zusammenarbeit mit Entrümplern

- Auch hier gilt: Der Begriff *Entrümpler* ist nicht geschützt. Schauen Sie also genau hin.
- Ein seriöser Anbieter wird Ihnen erst nach einem kostenlosen(!) Besichtigungstermin ein Angebot machen.
- Ein seriöser Anbieter verfügt über eine Berufshaftpflichtversicherung, die Ihnen z. B. Schäden am Gebäude ersetzt, die der Entrümpler unbeabsichtigt verursacht. Ebenso überlässt er Ihnen im Nachhinein einen Nachweis für die ordnungsgemäße Entsorgung all dessen, was er tatsächlich entsorgt und nicht für den eigenen Weiterverkauf behalten hat.

- Fragen Sie, wie bereits erwähnt, nach einem Festpreisangebot und verabreden Sie ganz genau, was er entsorgen soll und was nicht. Halten Sie sich an diese Absprache und entfernen Sie nach der Beauftragung keine Dinge mehr, die zur Entrümpelung vorgesehen sind.
- Wenn Sie das tatsächlich bis zum Tag der Entrümpelung noch nicht getan haben sollten: Nehmen Sie allerspätestens jetzt unbedingt alles mit, was Sie behalten wollen und/oder was wertvoll ist. Sorgen Sie dafür, dass am «Tag X» keine Missverständnisse darüber entstehen können, was der Entrümpler mitnehmen darf und was nicht.
- Überlegen Sie es sich gründlich, ob Sie am Tag des Entrümpelns wirklich vor Ort im Haus sein wollen. Für den Entrümpler ist es wesentlich angenehmer, ohne ständige Beobachtung zu arbeiten und nicht ständig um Sie herumlaufen zu müssen. Unterschätzen Sie auch nicht die heftige Geräuschkulisse an diesem Tag.
- Entscheiden Sie sich, dem Entrümpler einen Schlüssel zu übergeben, und vereinbaren Sie eine Uhrzeit, zu der er das Haus besenrein an Sie zurückgibt. Alles zwischen diesen beiden Zeitpunkten ist vermutlich nur für Menschen angenehm, für die diese Arbeit einen symbolischen Charakter hat, z. B., weil sie sich damit von schlechten Erinnerungen befreien wollen.

Bedeutsame Andere: Wenn plötzlich alles (doch noch) schiefzugehen scheint

An dieser Stelle passiert häufig etwas, das niemand «auf der Rechnung» hatte oder von dem alle Beteiligten gehofft haben, dass es ihnen erspart bleiben möge. Dabei gibt es nichts, was es nicht gibt: Bruder, Schwester oder ein anderer Verwandter sperren sich in letzter Sekunde gegen den Verkauf des Hauses, eines Möbelstücks oder dagegen, einen Entrümpler zu engagieren. Sie sind aus heiterem Himmel gegen alles, weil ausgerechnet *Sie* es vorgeschlagen oder entschieden haben. Ein mühsam ausgehandelter Kompromiss wird ohne jede Begründung aufgekündigt. Ihr Bruder bezieht von heute auf morgen ohne erkennbaren Grund die Position Ihrer gemeinsamen Schwester, obwohl die beiden sich noch nie verstanden haben – und überstimmen Sie damit in der gemeinsamen Erbengemeinschaft bei einer entscheidenden Frage wie z. B. der nach dem weiteren Schicksal des Hauses. Oder es stellt sich heraus, dass diejenige tatsächlich Recht hat, die behauptet, Ihre erbberechtigte Halbschwester zu sein (denken Sie an die betreffende Person aus einem der Beispiele im achten Schritt).

Machen Sie sich hier jedoch klar: Häufig kommen Meinungsänderungen nur aus Angst oder Unbehagen aufgrund der *Konsequenzen* zustande, die sie mit sich bringen. Wenn Ihre Schwester einen Tag vor dem vereinbarten Notartermin plötzlich ihre Zustimmung zum Verkauf des Hauses zurückzieht, muss das nicht unbedingt heißen, dass sie es nun doch lieber behalten möchte. Vielleicht ist ihr nur noch einmal in aller Deutlichkeit klargeworden, dass sie ihr Elternhaus nie wieder betreten wird.

Werden Sie also mit solchen vermeintlichen Meinungsänderungen konfrontiert, versuchen Sie nicht, Ihr Gegenüber mit irgendwelchen Argumenten vom Gegenteil zu überzeugen. Hier geht es nicht um logische Begründungen. Versuchen Sie stattdessen, die Befindlichkeiten kennenzulernen, die hinter dem Verhalten stehen: «Möchtest du also lieber das Haus behalten und weiterhin mit mir / uns zusammen alle Kosten tragen und die ganze Arbeit haben?» Reagiert Ihr Gegenüber dann empört und weist das weit von sich oder aber bricht in Tränen aus, wissen Sie, dass es hier nicht um die reale Alternative geht, sondern um ein Gefühl oder eine Befürchtung. Wenn Sie es schaffen, dass Ihr Gegenüber sich von Ihnen verstanden fühlt, kann das den Weg zurück zu der ursprünglich getroffenen Entscheidung ebnen.

Das Unglück im letzten Moment

Ganz anders müssen Sie jedoch vorgehen, wenn sich kurz vor Ende Ihrer Arbeit oder einen Tag vor Vertragsabschluss plötzlich die *Rechtslage* zu verändern scheint. Ihr entschiedenes Handeln ist besonders dann gefragt, wenn jemand Erbansprüche erhebt oder z. B. urplötzlich ein Dokument aus der Tasche zieht, das tatsächlich das einzige Testament Ihrer Eltern zu sein scheint, welches Ihre mündlichen Verabredungen komplett außer Kraft setzen könnte.

Vermeiden Sie in einem solchen Fall alles, was juristisch relevante Tatsachen schafft. Sagen Sie nach Rücksprache mit Ihrem Rechtsbeistand schlimmstenfalls sogar einen bereits anberaumten Notartermin ab, bei dem der Haus- / Wohnungsverkauf eigentlich abgeschlossen und beurkundet werden sollte. Das ist weniger schlimm und kostspielig, als einen unterschriebenen Kaufvertrag rückabwickeln zu müssen. Selbst wenn Sie also bis hierhin keinen rechtlichen Beistand in Anspruch genommen haben sollten: Spätestens in diesem Moment brauchen Sie ihn. Je nachdem, mit welchen Personen, welcher Stimmung und welchem Anspruchsdenken Sie es zu tun bekommen, kann es hier für Sie sogar Nachteile haben, wenn Sie einen Gesprächsversuch ohne anwaltlichen Beistand starten.

Als eine Art Super-GAU bleibt Ihnen vielleicht sogar nur die Option, an dieser Stelle konsequent aus allem «auszusteigen». Wenn Sie im zweiten Schritt Ihr Erbe angetreten haben, können Sie am Zustand, Erbin zu sein, nichts mehr ändern und *müssen* sich dann beispielsweise mit Ihrer Ihnen bisher unbekannten Miterbin auseinandersetzen. Solche Situationen treten häufiger auf, als Sie und ich uns das vorstellen mögen. Und fürs Protokoll: Natürlich wünsche ich Ihnen, dass Vorkommnisse dieser Art nichts sind, womit Sie sich jemals beschäftigen müssten.

Leider können Ihnen auch darüber hinaus noch andere dramatische Entwicklungen auf den letzten Metern in die Quere kommen: Der Käufer springt einen Tag vor dem vereinbarten Notartermin ab oder verstirbt bei einem Autounfall. Der Entrümpler sagt ab. Durch einen Rohrbruch entsteht im Haus ein massiver Wasserschaden. Vandalen brechen ein, verstopfen alle Abflüsse mit Bau-Schaum und beschmieren die Wände mit Graffitis. Oder, oder – Sie verstehen, was ich meine.

Falls Sie tatsächlich mit einer solchen Situation konfrontiert sind, tun Sie als Allererstes zwei Dinge – unabhängig davon, was Sie hinterher organisatorisch oder fachlich tun müssen:

- Gehen Sie irgendwohin, wo Sie für einen Moment ungestört sind und Sie niemand hört. Schließen Sie kurz die Augen und dann – schreien Sie. So laut Sie können. Ich meine das ernst: Schreien Sie Wut, Entsetzen, Fassungslosigkeit, Ärger, Zorn, Verzweiflung heraus. Falls Ihnen dabei die Tränen kommen: Lassen Sie sie laufen. Sorgen Sie in diesem kurzen Moment dafür, dass Ihre Gefühle rauskönnen. «Auf sie mit Gebrüll!» drückt aus, worum es hier geht: Sie werden das, was Sie danach unternehmen, organisieren oder sonst wie regeln müssen, nur dann gut hinbekommen, wenn Sie sich zuvor im wahrsten Sinn des Wortes Luft verschafft haben. Sorgen Sie dafür, dass sich Ihr Gehirn ungestört an die Lösung des Problems machen kann, indem Sie Ihren Gefühlen jetzt für einen Moment freien Lauf lassen. Tun Sie das nicht, drohen diese Gefühle in den unpassendsten Momenten hervorzubrechen. Ersparen Sie sich und anderen diese Erfahrung.
- Fangen Sie direkt danach an, darüber nachzudenken, wer Ihnen helfen kann. Versuchen Sie nicht, mit aller Gewalt alleine klarzukommen. Selbst wenn es am Ende genau darauf hinauslaufen sollte: Reden Sie zunächst mit unterschiedlichen Menschen über das Problem und mögliche Lösungen. In den meisten Fällen landen Sie so nicht in der Situation, wirklich alles alleine machen zu müssen. Nehmen Sie alle Hilfe in Anspruch, die Sie bekommen können.

Literatur-Empfehlungen

Entrümpler

Prasske, Bruni (2013): Die Entrümpler. Was Dachböden und Kellerregale über das Leben erzählen. München.

Heinicke, Hans-Jürgen (2012): Was vom Leben übrig bleibt, kann alles weg. Fundstücke eines Wohnungsauflösers. Frankfurt / M.

Home Staging

Houghton, Iris; Humburg, Tina; Rieck, Wiebke (4. Aufl. 2019): Home Staging: Wie man Menschen in Immobilien verliebt – Ein Praxishandbuch für Verkäufer von Immobilien. Königstein / Ts.

Schwarz, Barb (2006): Home Staging. The Winning Way to Sell Your House for More Money. New Jersey.

Kauf-Nomaden

Mittelacher, Bettina (2010): Das Haus einfach nicht bezahlt. Zwei Kaufnomaden vor Gericht. abendblatt.de/hamburg/article107897140/Das-Haus-einfachnicht-bezahlt-zwei-Kauf nomaden-vor-Gericht.html (Abruf 06. 03. 23).

Makler

anwalt.de/rechtstipps/bgb-neues-gesetz-zur-maklerprovision-ab-23122020_183224.html, Abruf 06. 03. 23.

www.anwalt.org/maklerrecht/, Abruf 06. 03. 23.

Vermieterrechte

mietrecht.org/mietvertrag/besichtigungsrecht-vermieter/#, Abruf 06. 03. 23.

Elfter Schritt
Das letzte Mal –
Den Abschiedsmoment gestalten

Im elften Schritt geht es um den Moment des Abschieds. Selbst wenn Sie nicht viel von Symbolen oder Ritualen halten, sollten Sie sich rechtzeitig überlegen, wie Sie diesen Augenblick erleben wollen und das ggf. bewusst vorbereiten. Sie haben nur genau eine einzige Chance dafür.

Das beschäftigt Töchter und Söhne gerade

Sie sind heilfroh oder schauen mit gemischten Gefühlen auf diesen Moment: Sie sind zum letzten Mal in Ihrem Elternhaus oder in der Wohnung Ihrer Eltern. Es fühlt sich fast an wie am Anfang: Ein Gefühlsmix, der es in sich hat – oder nur sachliche Geschäftigkeit in Ihnen auslöst. Ein Kapitel geht zu Ende, danach ist dieser Ort Geschichte. In die Rückschau mischt sich Ihre persönliche Gefühlsgemengelage aus Wehmut, Unsicherheit, Abschiedsschmerz, Genervt-Sein, Erleichterung oder anderen Empfindungen.

Abschied vom Elternhaus. Rausgehen und die Tür hinter sich zu ziehen: Das wars dann. Wars das dann? Soll es so gewesen sein? Oder was wäre Ihnen lieber?

Der Held besteht die entscheidende Prüfung. Sie kann als ein Berg von Problemen erscheinen oder aber als stiller, fast beiläufiger Moment. So oder so: Der Held kann nicht ausweichen, muss sich der Situation stellen. Alles, was bisher schon schwierig erschien und Kraft kostete, tritt hinter dieses Ereignis zurück. Klugheit und bewusstes Handeln sind nötig, um die letzte große

Herausforderung zu bestehen und nach Hause zurückkehren zu können.

Der letzte Moment: Wie soll er sein?

Nicht jeder Sohn oder jede Tochter trauert um das elterliche Zuhause. Wenn es für Sie ein Ort ist, den Sie mit schwierigen oder gar traumatischen Erfahrungen verbinden, wird der endgültige Abschied von diesem Ort möglicherweise sogar zu einer Art Befreiung. Vielleicht gehören Sie aber auch zu denen, für die das bevorstehende endgültige Lebewohl auch jetzt noch ein unerträglicher Gedanke ist. Obwohl Haus oder Wohnung inzwischen (fast) völlig leer sind, empfinden Sie diesen Ort immer noch als emotionalen Ankerpunkt.

Sie oder Ihre Kinder werden in Zukunft selbst dort wohnen? Es wird also gar keinen Rück- oder Übergabemoment geben? Auch hier kommt es zu dem Augenblick, an dem die alten Räume der Eltern zu Ihren bzw. denen Ihres Kindes werden – z. B., wenn beim geplanten Umbau die erste Wand eingerissen wird.

Wie auch immer Ihre individuelle Situation aussieht: In den zurückliegenden Schritten haben Sie bereits eine Vielzahl größerer und kleinerer Abschiedsmomente erlebt. Hier im elften Schritt geht es nun darum, den allerletzten davon bewusst zu gestalten. Damit ist kein aufwendiges Brimborium gemeint, sondern kluges Handeln, das Ihnen die Erfahrung erspart, hinterher einer verpassten Chance nachtrauern zu müssen.

Meinen bewussten Abschied hätte ich damals fast verpasst – wäre mir nicht die richtige Musik in diesem Moment zu Hilfe gekommen.

Damit bin ich doch längst durch! Mein letzter Tag im Elternhaus

Soeben hat sich der Entrümpler mit dem randvollen Container auf den Weg zum Recyclinghof gemacht.

Während ich ihm nachschaue, wird mir klar, dass ich mich in den letzten Monaten schon Schritt für Schritt innerlich von meinem Elternhaus verabschiedet habe. So theatralisch das klingen mag: Jedes Mal, wenn irgendetwas diesen Ort verließ, ging auch ein Stück von diesem Ort *in mir* verloren. Manchmal war es ganz unspektakulär, manchmal richtig schwierig. Doch ehrlich gesagt habe ich während der ganzen Plackerei diesen letzten Tag insgeheim immer mal wieder herbeigesehnt. Endlich würde diese Schufterei und das elende Hin- und Her-Gefahre vorbei sein!

Bleibt jetzt also nur noch nachzuschauen, ob alle Fenster und Türen zu sind und der Entrümpler nicht doch noch irgendwo Licht hat brennen lassen. Und dann: Ab nach Hause.

Ich starte im Keller. Im Gang hallen meine Schritte ungewohnt laut wider. Mach mal ein bisschen Musik an, denke ich und starte – ohne genau hinzusehen – meine geliebte Klassik-Playlist. Ich öffne die Tür zur (ehemaligen) Werkstatt meines Vaters. Aus dem Handy kommen die ersten Töne – und um mich ist es geschehen: ausgerechnet Beethovens Mondscheinsonate. Ich kenne jeden Ton; unzählige Male hat mein Vater sie selbst gespielt. Sie berührt mich immer, wenn ich sie höre, und in diesem Moment sorgt sie dafür, dass ich von einer Sekunde zur anderen in Tränen ausbreche.

In der folgenden halben Stunde überschlagen sich in mir in jedem einzelnen Raum die Erinnerungen an schöne, lustige, traurige und schwierige Momente in diesem Haus. Schmerz, Melancholie, Freude, Distanz und jede Menge Erleichterung übernehmen abwechselnd die Regie. Getragen von der Musik verabschieden sich offenbar gerade dreißig Jahre Elternhaus in mir. Augenscheinlich kann ich nichts von dem, was gerade in mir passiert, bewusst steuern. Und ich dachte, ich wäre schon «durch» mit meinem Abschied …

Irgendwann drehe ich eine zweite Runde durch alle Räume. Nun prüfe ich wirklich, ob Fenster und Türen geschlossen sind und das Licht in jedem Raum ausgeschaltet ist. Langsam lasse ich in dem Raum, der das Wohnzimmer gewesen ist, an den großen Terrassenfenstern die Rollläden herunter. Es fällt mir schwer, zur Haustür zu gehen. Als ich sie endlich öffne, schaue ich noch einmal zurück in den leeren Flur und das nun stockdunkle Wohnzimmer. Ich nicke zum Abschied, so als ob da jemand wäre, der das sehen könnte. Dann ziehe ich die Haustür hinter mir zu und schließe ab.

Das ist mein Elternhaus. Das ist mein Elternhaus *gewesen.* Auf dem Weg nach Hause schalte ich das Autoradio ab und fahre still nach Hause.

Ihre letzte Runde

Einfach nur die Tür hinter sich zu ziehen. Das Kapitel «Elternhaus» damit beenden. Wenn sich das für Sie so genau richtig anfühlt, tun Sie das. Hier geht es nicht darum, dass Sie etwas Bestimmtes tun, sondern darum, dass Sie *das Richtige für sich selbst* tun. Egal, was jemand anderes dazu sagt: Es ist *Ihr* Moment. Anders gesagt: Hier geht es (fast) zum letzten Mal wieder zuerst um *Sie.* Wie soll sich dieser Moment für Sie anfühlen? Wie viel Zeit wollen Sie diesem Augenblick einräumen? Wollen Sie ihn bewusst allein verbringen, oder hätten Sie gerne jemanden an Ihrer Seite – und wenn ja, wen?

Denken Sie darüber nach, ob Sie noch ein paar persönliche Fotos machen wollen – unabhängig davon, dass Sie das vielleicht schon im ersten Schritt getan haben. Für viele Menschen ist das sehr hilfreich. Ein Satz wie «Das war gut so …», eventuell auch mit dem Nachsatz «... wäre aber eigentlich doch nicht nötig gewesen!», fühlt sich auf Dauer sehr viel besser an als ein Bedauern, dessen Ursache Sie nicht mehr ändern können. Auch hier gilt: Die Bilder löschen können Sie jederzeit, sie herstellen aber nur jetzt.

Anleitung und Arbeitshilfe

Vor Ihrem letzten Aufenthalt vor Ort

- Entscheiden Sie bewusst, ob Sie diesen Moment gestalten wollen oder ob es Ihnen lieber ist, ihn einfach auf sich zukommen zu lassen.
- Entscheiden Sie, ob Sie Über- bzw. Rückgabe mit Ihrem persönlichen Abschied vermischen oder jeweils einen extra Termin dafür vereinbaren wollen. Sie werden sich möglicherweise unwohl fühlen, wenn im Dachgeschoss die neuen Eigentümer nach der Übergabe schon den Umbau besprechen, während Sie gleichzeitig im Erdgeschoß noch versuchen, Abschied zu nehmen.
- Entscheiden Sie außerdem, ob Sie bei Ihrem «letzten Mal» gern jemanden an Ihrer Seite hätten und wen. Bitten Sie diese Person so schnell wie möglich darum, so ersparen Sie sich die Enttäuschung einer Absage mit der Begründung «Hättest du doch bloß früher was gesagt!».
- Ich empfehle Ihnen, Ihren Abschiedsmoment *vor der Übergabe* einzuplanen, nicht danach. Sie vermischen sonst am Ende doch noch den «Fakten-Termin» mit Ihrem persönlichen Abschied – oder können diesen später nicht mehr bewusst erleben, weil Sie bereits alle Schlüssel übergeben haben.

In Ihrem Elternhaus

- Tun Sie das, was Sie sich vorgenommen haben. Machen Sie sich immer wieder klar: Dieser Moment ist Ihre Chance. Wenn

Sie ihn nutzen möchten, um auch bewusst schwierige Erinnerungen hinter sich lassen zu wollen, tun Sie das. Fluchen oder schreien Sie, wenn das für Sie richtig ist. Wenn Sie sich jedoch vor lauter Trauer um diesen Ort kaum von ihm trennen mögen, lassen Sie Ihren Tränen freien Lauf. Alles ist richtig.

Anschließend

- Halten Sie sich den Abend nach Ihrem Abschiedsmoment frei. Tun Sie das, was Ihre Seele gerade braucht: Sitzen Sie stundenlang einfach nur auf dem Sofa, gehen Sie laufen, in die Sauna, tanzen, ins Kino, mit Ihren Liebsten essen. Oder, oder, oder.
- Notieren Sie das Datum Ihres persönlichen Abschieds vom Elternhaus in Ihrem Kalender. Sie brauchen es im zwölften Schritt. Wenn Sie einen digitalen Kalender verwenden, nutzen Sie die Erinnerungsfunktion und stellen Sie sie auf diesen Tag genau in einem Jahr ein. Wenn Sie mit einem Papierkalender arbeiten, machen Sie sich am Ende des aktuellen Jahres einen Vermerk, damit Sie dieses Datum in den Kalender des Folgejahres übertragen.

Anregungen für Abschiedsrituale

- *Anregung #1*: Nehmen Sie einen alten Besen, den Sie mitgebracht haben oder der bis zuletzt in Ihrem Elternhaus verblieben ist. Kehren Sie symbolisch einige Räume aus; vielleicht die, die Sie besonders mochten oder aber die, die Ihnen besonders unangenehm waren. Oder, falls Ihnen danach sein sollte: Kehren Sie in allen Räumen. Tun Sie das in dem Tempo, das für Sie richtig ist. Vielleicht brauchen Sie ja einen «bewegten» Abschied von Ihrem Elternhaus.
- *Anregung #2*: Gehen Sie durch alle Räume und schalten Sie – auch mitten am Tag – überall das Licht an. Starten Sie eine

zweite Runde und bedanken Sie sich bei *jedem* einzelnen Raum dafür, dass er Teil Ihres Elternhauses war. Sprechen Sie den Dank laut aus und spüren Sie nach, wie sich das für Sie anfühlt. Schalten Sie in jedem Raum bewusst das Licht aus, wenn Sie ihn verlassen. Der letzte Ort, von dem Sie sich verabschieden und an dem Sie das Licht ausschalten, ist die Ausgangstür, durch die Sie ins Freie treten, um nach Hause zu fahren.

- *Anregung #3*: Menschen, die mit traditionellem Räuchern oder auch mit ätherischen Ölen vertraut sind, nutzen beides gern, um – vereinfacht gesagt – den «alten Geist des Hauses» aus den Räumen zu entlassen. Wenn Sie diese Idee interessant finden und gern experimentieren, probieren Sie es aus. In den Literatur-Empfehlungen finden Sie dazu einen entsprechenden Hinweis.
- *Anregung #4*: Schreiben Sie Ihrem Elternhaus einen Abschiedsbrief. Bestücken Sie dazu Ihr Klemmbrett mit ein paar leeren Seiten und packen Sie einen Klapphocker oder ein Kissen ein, damit Sie sich in einen der leeren Räume setzen können. Schreiben Sie dort einfach drauflos. Es geht hier nicht um großartige Formulierungen, damit Sie dem Moment möglichst pathetisch gerecht werden. Im Gegenteil: Schreiben Sie spontan so, als ob Sie Ihrem Elternhaus wie einem Menschen ganz besonders dankbar sind – oder eben auch nicht. Sprechen Sie die Räume an, als ob sie alte Bekannte wären; in gewisser Weise sind sie das ja auch. Wenn Sie einen solchen Brief schreiben, heben Sie diese Zeilen gut auf. Sie brauchen sie im letzten Schritt noch einmal.

Sie und Ihre Bedeutsamen Anderen in diesem Schritt

Alle gerade aufgeführten Anregungen können Sie allein oder mit Ihren Bedeutsamen Anderen zusammen umsetzen. Ähnlich wie im ersten Schritt kann es für Sie aber auch hier sinnvoll sein, den Abschied von Ihrem Elternhaus zumindest teilweise *ohne* Ihre Bedeutsamen Anderen zu gestalten.

Es spricht nichts dagegen, *zwei* Momente einzuplanen: Einen eigenen Abschied für sich allein und einen anderen Moment zusammen mit Geschwistern oder sonstigen Bedeutsamen Anderen. Schwieriger wird es möglicherweise, wenn Sie – aus welchen Gründen auch immer – nicht selbst bestimmen können, ob und wann Sie eine Zeit lang in Ihrem Elternhaus allein sein können. Um sich hier ggf. Ärger und Enttäuschungen zu ersparen, ist es hilfreich, keinen weiteren Aufenthalt vor Ort zu erzwingen, sondern eine Art «inneren Abschieds-Spaziergang» durch Ihr Elternhaus zu unternehmen. Nutzen Sie dafür einen ruhigen Moment und gehen Sie in Gedanken vom Dachboden bis in den letzten Kellerwinkel alle Räume durch. Anschließend können Sie ebenfalls z. B. den gerade erwähnten Abschiedsbrief an Ihr Elternhaus schreiben.

Literatur-Empfehlungen

Dohler, Christine (2021): Rituale. Wie sie uns im Leben stärken. München.

Fuchs, Christine; Hess, Sam (2019): Rituelle Hausräucherung. München.

van Gennep, Arnold (Ausgabe 2005): Übergangsriten. Frankfurt/M. (zuerst erschienen unter dem Originaltitel Les rites des passage, 1909).

Zwölfter Schritt
Die letzte Erfahrung – Altes und Neues verbinden

Im letzten Schritt kümmern Sie sich ganz praktisch um die Dinge, die Sie aus Ihrem Elternhaus mitgebracht haben. Sie integrieren sie in Ihr «neues altes Leben» – oder entscheiden, diesmal endgültig, was mit ihnen passieren soll.

Das beschäftigt Söhne und Töchter gerade

Diese Kisten. Immer noch versperren sie fast den gesamten Kellergang. Wohin bloß mit dem ganzen Kram? Mittendrin das eine Stück, das Ihnen so wichtig ist. Aber wo genau? Sie hätten es so gern jeden Tag vor Augen, aber dafür jetzt alle zwanzig Kisten aufmachen? Keine Zeit. Und was wollten Sie eigentlich überhaupt im Keller? Ach ja.

Zurück im Wohnzimmer stellen Sie sie ab, die eine Kiste, schon ganz verstaubt, die Sie spontan dann doch aus dem Keller mitgenommen haben. Beim Öffnen Rätselraten. Was war das noch mal? «Was machst du denn da? Wir wollten doch …?!» Sie blicken in ein fragendes Gesicht. Ach herrje, ja, natürlich. Sie lassen die Dinge liegen, wo sie gerade sind. Später stehen Sie noch einmal ratlos davor. Sie stellen dieses hierhin, anderes dorthin, aber nichts davon macht Sinn. Ihr Lieblingsstück? Ganz offensichtlich immer noch im Keller. «Sag mal, was willst du denn eigentlich mit all den alten Sachen?» Sie kennen diesen leicht gereizten Tonfall von Ihrem Gegenüber, von sich selbst, wenn es um dieses Thema geht. Und irgendwie ist die Frage ja auch berechtigt: Was machen Sie da eigentlich?

Bei der Rückkehr in sein altes Leben spürt der Held, dass die zurückliegenden Erfahrungen etwas in ihm verändert haben. Das «Alte» ist nicht weg, aber etwas Neues ist hinzugekommen. Er ist immer noch derselbe wie vor Beginn des Abenteuers – und trotzdem jemand anderes.

Bleibt alles anders: Neu ankommen in der alten Welt

Kein Elternhaus mehr, das Ihr Leben bestimmt. Kein Klemmbrett voller Arbeitshilfen mehr auf Ihrem Beifahrersitz. Die Grundausstattung aufgelöst. Vielleicht stecken Sie auch schon wieder im alten Hamsterrad, fast so, als ob nichts gewesen wäre.

Aber etwas hat sich verändert, das spüren Sie sehr genau. Spätestens die Kisten im Keller erinnern Sie deutlich daran. Am Ende haben Sie doch noch viel mehr Dinge aus Ihrem Elternhaus mitgenommen, als Sie eigentlich wollten. Einige Gegenstände haben wie von selbst ihren neuen Platz in Ihrer Wohnung gefunden. Seitdem stehen sie dort, als ob sie nie woanders gewesen wären. Aber der ganze Rest? Das allermeiste wartet immer noch verpackt in irgendwelchen Kisten auf – ja, was eigentlich? Manchmal fragen Sie sich, warum Sie all das überhaupt eingepackt haben. Erinnerungsstücke? Oder haben sie es nur «gerettet», weil niemand anderes es haben wollte? Immer wieder ertappen Sie sich dabei, dass Sie an Ihr Elternhaus zurückdenken. Ihre Scheu, darüber mit anderen zu sprechen, erstaunt Sie selbst.

Im zwölften, dem letzten Schritt schließen Sie das Auflösen Ihres Elternhauses bewusst ab:

- Sie bedanken sich (noch einmal) bei Ihren Helfern;
- Sie wertschätzen sich und was Sie geschafft haben;
- Sie entscheiden, was Sie mit Ihren Arbeitshilfen machen wollen; und

- Sie kümmern sich um die bisher in Kisten eingelagerten Dinge aus Ihrem Elternhaus.

Das alles tun Sie in der für Sie stimmigen Reihenfolge. Entscheiden Sie einfach, was wann für Sie richtig ist. Folgen Sie Ihrer Intuition. Als Grundregel kann gelten: Spätestens ein Jahr nach Ihrem letzten Moment in Ihrem Elternhaus (also nach Ihrem elften Schritt) sollten Sie alles erledigt haben. Diese abschließenden Aktivitäten laufen sonst Gefahr, zu versanden und zu einer Sankt-Nimmerleins-Tag-Aktion zu werden.

Erinnerungsstücke und was damit (nicht) geschehen soll

Wissen Sie jetzt in diesem Moment, also ohne nachzuschauen, welche Gegenstände Sie aus Ihrem Elternhaus mitgenommen haben und wie viele es insgesamt sind? Können Sie bei jedem davon spontan beschreiben, welchen Zweck Sie ihm beim Einpacken «damals» zugesprochen hatten? Wenn Sie zu den Menschen gehören, die tatsächlich nur einige wenige Gegenstände behalten haben, werden Ihnen die Antworten leicht von den Lippen gehen. Ganz anders kann es aussehen, wenn Sie mehrere Kisten im Keller stehen oder gar eine ganze Garage damit gefüllt haben.

Das Bedürfnis, die Welt der Eltern, den alten Zustand ihres Hauses oder der Wohnung wenigstens in einigen Dingen symbolisch zu bewahren, ist vollkommen normal. Je mehr Erlebnisse und Geschichten uns mit diesen Dingen, dem Ort, an dem sie sich befanden, und vor allem mit ihren Nutzern verbinden, umso enger ist möglicherweise die Bindung an den oder die Gegenstände selbst. So kann die Brille der Mutter oder die Armbanduhr des Vaters intensivere Erinnerungen in Ihnen auslösen als irgendein funktionaler Alltagsgegenstand. Aber auch bei diesen sehr emotional besetzten Dingen stellt sich am Ende die Frage: Wohin damit? Was ist der «richtige» Erinnerungsort? Die Kiste im Keller vermutlich nicht – aber was stattdessen? Schauen Sie also genau hin: Brauchen Sie wirklich alle mitgebrachten Gegenstände auf Dauer zur Erinnerung?

Je länger sie bei Ihnen im Keller stehen, umso mehr sinkt die Bereitschaft, sich damit zu beschäftigen. Eines schönen Tages stehen Sie oder Ihre Liebsten dann vor diesen Kartons und stellen sich genau die Frage, die Ihnen heute noch undenkbar erscheint: «*Was* war da noch mal drin?»

Lassen Sie es nicht so weit kommen. Handeln Sie jetzt – oder zumindest so bald wie möglich. Keller, Dachboden, der Wohnungsflur oder die Garage sind als Lagerplätze keine Option – jedenfalls nicht auf Dauer.

Verkaufen Sie so bald wie möglich das, was Sie dafür vorgesehen haben, oder besser: Lassen Sie es verkaufen. Denken Sie an die im siebten Schritt dargestellten Konsequenzen dieser Entscheidung. Machen Sie sich außerdem klar: Sie sind zurück in Ihrer bisherigen Welt. Die im vierten Schritt getroffenen besonderen Vereinbarungen, mit denen man Ihnen den Rücken freigehalten hat, empfinden Ihre Liebsten vermutlich als Vergangenheit und damit als nicht mehr gültig. Ihr Umfeld erwartet vielleicht, dass Sie wieder «wie früher» funktionieren. Hätten Sie damals die Zeit gehabt, sich selbst um den Verkauf all der jetzt in Frage stehenden Dinge zu kümmern?

Anleitung

Danken Sie (noch einmal) Ihren Helfern

- Hier sind Ihrer Phantasie keine Grenzen gesetzt. Laden Sie sie einzeln oder miteinander ein, rufen Sie sie an, senden Sie eine Handynachricht, schreiben Sie eine E-Mail oder eine handschriftliche Dankeskarte.

- Wenn Sie etwas Schriftliches produzieren, fügen Sie ein zwei Sätze über ihre Arbeit hinzu und wie nützlich die erhaltene Hilfe für Sie war. Ein reines «Danke noch mal für deine/eure Hilfe!» wird dem Einsatz, den Ihre Unterstützer geleistet haben, wahrscheinlich nicht gerecht.

Wertschätzen Sie sich selbst

- Nehmen Sie noch einmal Ihre Arbeitshilfen zur Hand:
  - Ihr Emotionales Klingelschild (erster Schritt),
  - die Dokumentation Ihres Anfangserfolges (fünfter Schritt),
  - den Emotionscanner® (neunter Schritt),
  - Ihre Emotionale Umzugskiste (ebenfalls neunter Schritt),
  - sowie, wenn Sie haben, Ihren Brief an das Elternhaus (elfter Schritt).

  Lesen Sie alle Dokumente noch einmal in Ruhe durch.
- Markieren Sie jetzt spontan im Emotionscanner® mit einem Textmarker und in einer bisher nicht verwendeten Farbe alle Gefühle, die ausdrücken, wie es Ihnen *jetzt gerade* geht. Egal, wie viele. Bewahren Sie alle Arbeitshilfen weiterhin auf; Sie brauchen sie später ebenfalls noch einmal.

Bewahren Sie Ihr Wissen für andere

- Werfen Sie dieses Buch und Ihre Arbeitshilfen nicht unbedacht weg. Vielleicht können eines Tages andere von Ihren Erfahrungen und Notizen profitieren?
- Bewahren Sie diese Dinge zumindest so lange auf, bis Sie alle Gegenstände verkauft haben, die verkauft werden sollen, und bis Sie Ihre Verarbeiten-, Verkaufen-, Verschenken- und Vernichten-Kiste vollständig aufgelöst haben, die Sie mit Hilfe der unten stehenden Anleitung erstellen.
- Packen Sie Arbeitshilfen, Buch, ggf. weitere Notizen sowie alle oder symbolisch nur eines der Fotos aus Ihrer Foto-Dokumentation aus dem ersten und ggf. elften Schritt hinzu.

- Beschriften Sie diese Kiste mit «Mein Elternhaus auflösen». Stellen Sie die Kiste an einen Ort, den Sie bei Bedarf bequem erreichen können. Diese Kiste wird Ihnen helfen, sich an wichtige Details zu erinnern, die Ihnen ohne diese Unterlagen nach ein paar Monaten oder Jahren nicht mehr präsent sein werden.
- Haben Sie die Arbeitshilfen digital bearbeitet, legen Sie einen Stick mit der Datei zum Buch – oder drucken Sie sie bewusst aus, um Sie bei Bedarf ebenfalls direkt zeigen zu können.
- Haben Sie wertvolle Dinge wie z. B. Sammlungen mitgenommen, um sie zu verkaufen, sprechen Sie baldmöglichst mit einer Expertin für diesen Bereich oder einem Auktionshaus und übertragen Sie diesen Profis die Verkaufsaktivitäten. Die Dinge werden sonst gefühlte Ewigkeiten bei Ihnen herumstehen.

Sortieren Sie die Dinge in Ihren Kisten neu

Haben Sie doch viel mehr Dinge mitgenommen, als Sie sich eigentlich vorgenommen hatten?

- Vereinbaren Sie in diesem Fall mit sich selbst oder ggf. mit Ihren Liebsten einen Termin, an dem Sie sich um den Inhalt der Kisten kümmern werden.
- Richten Sie dann einen Sortier-Platz ein. Räumen Sie für diesen Moment z. B. Ihren Esstisch frei.
- Erinnern Sie sich an das Vorgehen nach Kategorien aus dem sechsten Schritt: Packen Sie alles(!) aus den Kisten aus und stellen Sie die Dinge nach Kategorien an einer Stelle auf.
- Erinnern Sie sich jetzt noch einmal an die «Fünf V» aus dem siebten Schritt: Was von den vor Ihnen stehenden Dingen würden Sie verwenden, verarbeiten, verschenken, verkaufen oder vernichten? Es geht hier nur darum, dass Sie vier oder fünf Gruppen von Dingen herstellen. Sie müssen nichts wirklich aussortieren, sondern nur so tun als ob. Fangen Sie nun an zu sortieren:

- Was von den mitgebrachten Dingen würden Sie gern am liebsten sofort als Erinnerungsstück in Ihren eigenen vier Wänden *verwenden*? Stellen Sie diese Dinge zusammen.
- Was wollen Sie unbedingt noch be- oder *verarbeiten*, um es dann zu verwenden? Stellen Sie diese Dinge an einer anderen Stelle zusammen.
- Bei welchen Dingen könnten Sie sich im Ernstfall vorstellen, sie zu *verschenken*? Stellen Sie sie wiederum an einer anderen Stelle zusammen.
- Was würden Sie doch noch gern *verkaufen*? Stellen Sie diese Dinge ebenfalls zusammen.
- Was würden Sie vielleicht sogar wegwerfen, weil es sich inzwischen gar nicht mehr so sehr nach Erinnerungsstück anfühlt – sondern Ihnen im Gegenteil vielleicht sogar unangenehm vorkommt? Legen Sie dies zu den Dingen, die Sie *vernichten* wollen.
- Als Nächstes packen Sie alles außer den Dingen, die Sie zum Verwenden vorgesehen haben, in je eine Kiste (bei Bedarf auch in mehrere) und beschriften Sie sie mit dem passenden Begriff («Verschenken», «Verkaufen», «Vernichten», «Verarbeiten»). Stellen Sie diese Kisten zurück an den bisherigen Platz.
- Stellen Sie nun die Dinge, die Sie zum *Verwenden* ausgesucht haben, provisorisch an einen Ort, an dem sie Sie im Alltag stören werden (damit Sie sich möglichst bald damit beschäftigen!), oder alternativ direkt dahin, wo sie als Erinnerungsstück stehen bleiben sollen.
- Erinnerungsstücke können Sie als Erinnerungsnetz (verteilt in der ganzen Wohnung) oder an einem einzigen Erinnerungsort aufstellen. Wenn Sie nicht allein leben und entscheiden können, besprechen Sie mit Ihren Liebsten, welche der beiden Optionen Ihnen allen lieber ist.
- Verabreden Sie mit sich selbst einen Termin in ungefähr einem halben Jahr, an dem Sie die Verschenken-, Verkaufen- und Vernichten-Kiste wieder in die Hand nehmen.

- Entscheiden Sie dann, welche Kiste Sie endgültig bearbeiten wollen. Sie sollte am Ende leer sein.
- Tun Sie das regelmäßig immer wieder, bis Sie alles verarbeitet, verschenkt, vernichtet und ggf. sogar noch verkauft haben. Sie werden merken, wie sich im Laufe der Zeit Ihre Sicht auf die Dinge verändert und Ihnen dies das Entscheiden erleichtert.

Kümmern Sie sich um die Fotos aus Ihrem Elternhaus

- Im ersten Schritt haben Sie Ihr Elternhaus so fotografiert, wie es war, bevor Sie es aufgelöst haben, und ggf.im elften Schritt noch Fotos vom (fast) leeren Haus gemacht. Entscheiden Sie nun, ob Sie die Fotos behalten oder doch löschen wollen.
- Wenn Sie sich nur ansatzweise unsicher sind, verschieben Sie diese Entscheidung. Je mehr Zeit bei einem solchen Thema ins Land geht, umso sicherer werden Sie auch hier in Ihrer Entscheidung.
- Überlegen Sie, ob Sie vielleicht als Erinnerung für später ein Fotobuch anlegen.

Ihr Abschluss spätestens nach einem Jahr

Schließen Sie, wenn Sie mögen und Ihre Zeit das zulässt, das Auflösen Ihres Elternhauses spätestens ein Jahr nach Ihrem «letzten Moment» bewusst und endgültig ab.

- Entscheiden Sie, ob Sie Ihre Unterlagen und dieses Buch behalten oder sich davon trennen wollen.
- Wollen Sie die Dinge behalten, belassen Sie sie in Ihrer Elternhaus-Auflösen-Kiste – so lange, bis Sie Ihre Entscheidung ändern, jemand von Ihren Unterlagen profitieren kann oder sonst etwas passiert, das das Schicksal dieser Dinge besiegelt.
- Wenn Sie sich von den Unterlagen trennen möchten und das im Rahmen eines kleinen Rituals tun wollen, bereiten Sie, so-

fern möglich, z. B. eine Feuerschale vor. Nehmen Sie alle Dinge aus den eventuell noch in Ihrem Keller befindlichen Kisten, von denen Sie sich trennen wollen und die Sie ohne Schäden für die Umwelt verbrennen können. Geben Sie alles nacheinander ins Feuer.

- Wenn Sie die Arbeitshilfen doch gern behalten möchten, Sie aber andererseits auch gern im Rahmen dieses Abschiedsrituals verbrennen wollen: Machen Sie Kopien. Behalten Sie die Originale und verbrennen Sie die Kopien. Oder andersherum. Das klingt etwas schräg, kann aber die genau passende Lösung sein.
- Erinnern Sie sich noch einmal bewusst an Ihr Elternhaus. Wenn Sie dabei ein paar Tränen vergießen müssen, tun Sie das. Wenn Sie dabei erleichtert jauchzen oder einfach nur ganz still sein wollen, tun Sie das. Wie so häufig in den letzten zwölf Schritten gibt es auch hier kein objektives Richtig oder Falsch, sondern nur das, was für *Sie* gerade stimmig ist.

Empfehlung zum Anschauen

«Die Dinge meiner Eltern». Theaterstück von Gilla Cremer (gillacremer.de/die-dinge-meiner-eltern, Abruf 06. 03. 23).

Epilog

Yvonne nimmt am selben Online-Seminar teil wie ich. In einer der Zweiersessions schweifen wir vom Thema ab und kommen ins Plaudern. Sie weiß, dass ich an einem Buch übers Elternhaus-Auflösen arbeite und ist selbst gerade dabei, die Wohnung ihres Schwiegervaters aufzulösen. «Weißt du, was am Anfang das Schlimmste war?» Sie schaut etwas gequält in die Kamera. «Die ganzen künstlichen Pflanzen!», platzt sie heraus, und ich kann mir ein Schmunzeln nicht verkneifen. Da sind sie wieder. In der Generation unserer Eltern haben sie scheinbar zur Standardausstattung gehört.

Nach dem Seminar will ich es genau wissen: Mit ein paar Klicks lande ich im Verzeichnis, in dem ich die Fotos aus meinem Elternhaus aufbewahre. Warum fällt mir das erst jetzt auf? Auch in meinem Elternhaus gab es Kunstblumen. Nicht in jedem Raum, aber definitiv vorhanden und auf einigen Aufnahmen gut sichtbar.

Es ist inzwischen über zehn Jahre her, dass meine Eltern, meine Schwester und ich mein Elternhaus aufgelöst haben. Wenn ich die alten Bilder anschaue, ist es so, als ob ich gestern das letzte Mal dort gewesen wäre. Gerüche, Empfindungen, Wärme und Geräusche sind augenblicklich wieder da. Ganze Filme laufen vor meinem inneren Auge ab. Meine Fingerspitzen fühlen die Materialien der Gegenstände auf den Fotos, als ob ich vor ihnen stehen und sie gerade berühren würde. Ein Phänomen, das mich immer wieder beeindruckt. In diesen Momenten macht sich in mir bis heute immer eine leise Mischung aus Melancholie, Trauer, Pragmatismus, Freude und Dankbarkeit breit.

Vielleicht wird es Ihnen in einigen Jahren genauso gehen. Ich wünsche Ihnen, dass sich für Sie mit Ihrem Elternhaus nicht nur negative Erinnerungen verbinden. Und dass Sie die Bilder und inneren Filme mit den für Sie genau richtigen Gefühlen betrachten können und mit nichts mehr hadern müssen. Das Auflösen des eigenen Elternhauses hat Sie vielleicht dazu gebracht, sich selbst von vielen Dingen trennen zu wollen. Nachdem Sie über Tage, Wochen oder Monate mit den Verlassenschaften der eigenen Eltern konfrontiert waren, kommen Ihnen der eigene Keller oder die eigenen Schränke jetzt noch viel voller vor als vorher. Nutzen Sie den Moment, aber achten Sie dabei auf sich. Das Auflösen Ihres Elternhauses hat viel Kraft gekostet, und vielleicht können Sie gerade auch einfach keine Kisten, kein Klebeband und keine Kategorien mehr sehen. Lassen Sie sich Zeit – aber verpassen Sie nicht den Moment. Der feste Vorsatz, sich radikal von allem zu trennen, was Sie nicht mehr brauchen, wird immer mehr Energie verlieren, je länger das Auflösen Ihres Elternhauses zurückliegt.

Und falls Sie aus leidvoller Erfahrung außerdem beschlossen haben, sich «nun aber endlich» auch an Ihre eigene Vorsorgevollmacht, Patienten- sowie Betreuungsverfügung heranzuwagen: Tun Sie es. Sie wissen jetzt schließlich genau, welche Mühen und wie viel Arbeit Sie Ihren eigenen Kindern oder denen ersparen können, die eines Tages *Ihr* Domizil auflösen müssen. Tun Sie sich und den anderen diesen Gefallen. Tun Sie es auch, damit Sie, was dieses Thema angeht, beruhigt *leben* können. Und damit eines Tages Ihre Kinder oder andere Ihnen nahestehenden Menschen erleichtert feststellen werden, dass Sie «Ihre Dinge» geregelt haben und sie daher in Ihrem Sinne handeln können.

Mit dem Auflösen Ihres eigenen Elternhauses haben Sie das endgültige Ende Ihrer eigenen Kindheit besiegelt. Ich wünsche Ihnen, dass Sie trotz aller vielleicht vorhandenen Erschöpfung und der hinter Ihnen liegenden Arbeit auch den Nutzen und Ihren persönlichen Gewinn aus dieser Zeit für sich ziehen können. Das mag Ihnen am Anfang noch abwegig erscheinen, wird sich aber mit der Zeit hoffentlich auch für Sie ergeben. Wenn Sie mir davon oder von Ihren Erfahrungen mit dem Auflösen Ihres Elternhauses berichten oder Anregungen und eigene Ideen dazu mit mir teilen möchten, freue ich mich über Ihre Nachricht an buch@adieuelternhaus.de.

Ich danke Ihnen von Herzen, dass ich Sie mit diesem Buch bei diesem besonderen Projekt begleiten durfte.

Dank

Dieses Buch wäre niemals zustande gekommen ohne die Unterstützung vieler Menschen, allen voran Heike Wilhelmi und Julia Vorrath.

Meiner Agentin Heike Wilhelmi danke ich von Herzen für die positive Reaktion auf meine Idee zu diesem Buch und ihre entschlossene, souveräne und umsichtige Unterstützung. Ohne sie wäre dieses Buch immer noch nur ein schöner Traum.

Julia, dein Lektorat hat dem Buch von Anfang bis Ende einfach nur gutgetan. Ich danke dir für deine geduldige, souveräne, humorvolle und ungemein wertschätzende Art, mit der du mich betreut und in die richtige Richtung gelenkt hast. Mit dir zu arbeiten, war einfach wunderbar.

Ich danke außerdem allen anderen an diesem Buch Beteiligten beim Rowohlt Verlag. Ohne das professionell-umsichtige Engagement dieser Menschen würden Sie, die Leser und Leserinnen, dieses Buch nicht in Händen halten können.

Amelie, Andreas, Anke, Birgit, Brigitte, Cher, Christoph, Dessislav, Ehrenfried, Frank, Jürgen, Karin, Marion, Michael, Peter und Sandra: Danke für eure Zuneigung und euren Glauben an mich, für euren konstanten Zuspruch sowie unzählige wertvolle Hinweise und Informationen.

Ich danke auch euch, allen meinen Kunden, Bekannten und Freunden, die ich beim Auflösen ihrer Elternhäuser oder ähnlicher Orte unterstützen durfte. Euer Vertrauen hat mich sehr berührt. Danke, dass ich an dieser Phase in eurem Leben teilhaben durfte.

Danke auch an meine Familie. Ohne die gemeinsame Erfahrung vor gut zehn Jahren gäbe es weder dieses Buch noch die Website Adieu Elternhaus (adieuelternhaus.de).

Und natürlich: Uwe. Der Dank an dich ist ohne Worte.

Literatur

Monografien und Zeitschriftenbeiträge

Bärfuss, Lukas (2022): Vaters Kiste. Eine Geschichte über das Erben. Hamburg.

Beermann, Claire: Adieu, altes Haus, du wirst mir fehlen!, in: Donna Magazin, Ausgabe 3/2018, S. 48–50.

Erdkönig, Christina (2014): Loslassen und Leben aufräumen. Was mit uns geschieht, wenn wir die Wohnung unserer Eltern auflösen. Freiburg i.Br.

Fessel, Karen-Susan (2018): Mutter zieht aus. Tübingen.

Flem, Lydia (2004): Wie ich das Haus meiner Eltern leer räumte. München.

Frey Werlen, Sylvia (1992): Seelenfenster. Vom Sterben der Eltern und der Chance, ihnen dabei neu zu begegnen. Basel.

Kaufmann, Ellen: Was von Mama übrig blieb, in: Donna Magazin, Ausgabe 7/2019, S. 61–62.

Moritz, Rainer (2018): Mein Vater, die Dinge und der Tod. München.

Ott, Ursula (2019): Das Haus meiner Eltern hat viele Räume. München.

Pühringer, Julia (2020): Was ich lernte, als mein Vater starb, in: Donna Magazin, März 2020, S. 72–75.

Speiser, Irène (2010): Hausauflösung. Frankfurt/M.

Stillich, Sven (2018): Was von uns übrig bleibt. Wenn wir einen Ort, einen Menschen oder die Welt verlassen. Reinbek.

Uschmann, Oliver; Witt, Sylvia (2015): Bis zum Schluss. Wie man mit dem Tod umgeht, ohne verrückt zu werden. München.

Walker, Susannah (2018): Was bleibt. Über die Dinge, die wir zurücklassen. A.d. Englischen v. Yamin von Rauch. Zürich/Berlin.

Online-Quellen

– Abruf aller nachgenannten Seiten am 06.03.2023 –

Asmuth, Tobias (2018): Das Geschäft mit den letzten Dingen. Brand Eins. brandeins.de/magazine/brand-eins-wirtschafts magazin/2018/reste/das-geschaeft-mit-den-letzten-dingen.

Feinäugle, Franziska: Noch einmal ein Blick zurück. Evangelisches Gemeindeblatt für Württemberg 38 / 2014. evangelisches-gemeindeblatt.de/lebenshilfe/familie/detailansicht/noch-einmal-ein-blick-zurueck-657/.

Fink, Hans-Jürgen (2014): Gilla Cremer – Die Dinge meiner Eltern. kultur-port.de/index.php/blog/theater-tanz/8764-gilla-cremer-die-dinge-meiner-eltern.html.

Gerstenberg, Frank (2019): Nach dem Tod meines Vaters: «Ich konnte mein Elternhaus nicht einfach entrümpeln». focus.de/familie/psychologie/elternhaus-entruempeln-so-ging-es-mir-nach-dem-tod-eines-elternteils_id_10048392.html.

Hecker, Alena (2019): Das Elternhaus auflösen: Vom Aufräumen und Abschiednehmen. rnd.de/familie/das-elternhaus-auflosen-vom-aufraumen-und-abschiednehmen-GFM6B3ETKBFQHKEBVOQNEZ3J44.html.

Massek, Nina: Was ist Heimat? Über den endgültigen Abschied von meinem Elternhaus. frau-mutter.com/familiengeschichten/was-ist-heimat-ueber-den-endgueltigen-abschied-von-meinem-elternhaus/.

Meuter, Sabine (2017): Abschied vom Elternhaus. Schweriner Volkszeitung. svz.de/ratgeber/eltern-kind/abschied-vom-elternhaus-id16099396.html?nojs=true.

Mösle, Marianne (2006): Abschied nehmen. brigitte.de/woman/leben-lieben/psychologie/trauer--abschied-nehmen-10133548.html.

Müller, Eva (2019): Ach, da komm ich also her! chrismon.evange lisch.de/artikel/2019/43656/das-elternhaus-ausraeumen-und-verkaufen.

Dobrick, Barbara (2008): Wenn die alten Eltern sterben. deutschlandfunkkultur.de/wenn-die-alten-eltern-sterben-100.html.

N.N (2017): Schwierig und emotional: Das Elternhaus leerräumen. augsburger-allgemeine.de/geld-leben/Schwierig-und-emotional-Das-Elternhaus-leerraeumen-id40490166.html (Text weitgehend identisch mit Meuter, 2017).

Obertreis, Sarah (2017): Abschied vom Elternhaus. sz-magazin.sueddeutsche.de/abschiedskolumne/abschied-vom-eltern haus-83473.

Ott, Bielmeier, Hörstgen, et al. (2019): Familienerbstücke und Erinnerungen aus dem Elternhaus – Das bleibt! chrismon.evange lisch.de/elternhaus.

Schirdewahn, Susanne (2017): Völlig aufgelöst. zeit.de/zeit-magazin/leben/2017-04/wohnungsaufloesung-eltern-tod-erinnerungen-kindheit.

Schloemann, Johan (2017): Essay über das Erben – Wohin damit? sueddeutsche.de/leben/erbe-wohin-mit-dem-erbe-1.3327189.

Schmitz, Alfried; Wiesler, Daniela: Schmerzhafter Prozess. Wenn Kinder ihr Elternhaus auflösen. Sendung Deutschlandfunk 22. 03. 2019. ondemand-mp3.dradio.de/file/dradio/2019/03/22/schmerzhafter_prozess_wenn_kinder_ihr_elternhaus_dlf_20190322_1010_04440d28.mp3.

Schulz, Benjamin (2015): Verkauf des Elternhauses. Herr Rheinheimer nimmt Abschied von seiner Kindheit. spiegel.de/panorama/gesellschaft/elternhaus-verkaufen-abschied-von-der-kindheit-a-1046489.html.

Zürcher, Heinz (2018): Die Sachen der Verstorbenen. landbote.ch/die-sachen-der-verstorbenen-146676797696 (Zugang kostenpflichtig).

Romane über das Auflösen eines Elternhauses

de Reese, Bernhard (2019): Elternhaus. Selbstverlag.

Doussemer, Doris Carla (2015): Ach, wie gut, dass niemand weiß. Bochum.

Griffin, Ella (2020): Der kleine Laden der unerfüllten Wünsche. A.d. Englischen v. Marion Hertle. München.

Meier, Angelika (2021): Die Auflösung des Hauses Decker. Zürich.

Müller, Anne (2020): Zwei Wochen im Juni. München.

Overath, Angelika (4. Aufl. 2015): Nahe Tage. Roman in einer Nacht. München.

Schäfer, Ulrike (2020): Macht das glücklich, oder kann das weg? Hamburg.

Wood, Charlotte (3. Aufl. 2020): Ein Wochenende. A.d. austral. Englisch v. Brigitte Walitzek. Zürich / Berlin.

Fotografische Arbeiten zum Elternhaus-Auflösen

Egerer, Jörg (2021): joergegerer.de/mein-Elternhaus/ und sueddeutsche.de/muenchen/landkreismuenchen/ottobrunn-im-verlassenen-elternhaus-1.5248132.

Licht, Tom (2016): Daheim. Heidelberg.

Schieder, Christoph (2015): Lothars Wohnung. Was bleibt, wenn wir gehen. Frankfurt.

Literatur zum Thema Heldenreise

Campbell, Joseph (5. Aufl. 2019): Der Heros in tausend Gestalten. Berlin. (Originalausgabe 1949 u.d.T. *The Hero with a Thousand Faces*. New York).

Vogler, Christopher (2018): Die Odyssee der Drehbuchschreiber, Romanautoren und Dramatiker. Mythologische Grundmuster der Heldenreise für Schriftsteller. Berlin.

Sonstige Monografien und Zeitschriftenbeiträge

Bachmeier, Kerstin (2022): Narben der Seele – Trauma erkennen, überwinden und liebevoll heilen: Wie Sie traumatische Erlebnisse schnell und effektiv verarbeiten und wieder Freude am Leben gewinnen. Selbstverlag.

Backhaus, Beate (13. Auflage 2022): Vererben und Erben. Berlin.

Belser, Karl-Heinz (2. Aufl. 2018): Erben und Vererben für Dummies. Weinheim.

Berndt, Christina (2015): Resilienz – Das Geheimnis der psychischen Widerstandskraft. München.

Brown, Louise (2021): Was bleibt, wenn wir sterben. Zürich.

Dohler, Christine (2021): Rituale: Wie sie uns im Leben stärken. München.

Ehring, Thomas; Ehlers, Anke (2012): Ratgeber Trauma und Posttraumatische Belastungsstörung. Göttingen.

Emotionscanner® (2022). Lüneburg.

Fischl-Obermayer, Agnes; Finsterlin, Claudia (2019): Immobilien erben und vererben. Freiburg/i.Br.

Frick, Jürg (2015): Ich mag dich – du nervst mich! Geschwister und ihre Bedeutung für das Leben. Göttingen.

Fricke, Weddig; Märker, Klaus; Otto, Christian (2020): Erbrecht von A bis Z – Eine Darstellung *ohne* Juristendeutsch. München/Freiburg.

Freitag, Silke; Richter, Jens (2. Aufl. 2019): Mediation – das Praxisbuch: Denkmodelle, Methoden und Beispiele. Weinheim.

Fuchs, Christine; Hess, Sam (2019): Rituelle Hausräucherung. München.

Grafik Werkstatt (Hg., 2022): Tischaufsteller «Kleine Pause, großes Glück»: 24 Ideen für kleine Auszeiten. Gütersloh.

Gronwald, Silke; Siegert, Almut (2021): Achtsam (Ver-)Erben. Hamburg.

Herbert, Claudia; Wetmore, Ann (2006): Wenn Albträume wahr werden. München.

Heinicke, Hans-Jürgen (2012): Was vom Leben übrig bleibt, kann alles weg. Fundstücke eines Wohnungsauflösers. Frankfurt/M.

Herzog, Stephanie; Pruns, Matthias (2018): Der digitale Nachlass in der Vorsorge- und Erbrechtspraxis. Bonn.

Houghton, Iris; Humburg, Tina; Rieck, Wiebke (4. Aufl. 2019): Home Staging: Wie man Menschen in Immobilien verliebt – Ein Praxishandbuch für Verkäufer von Immobilien. Königstein/Ts.

Hüther, Gerald (13. Aufl. 2018): Biologie der Angst. Wie aus Streß Gefühle werden. Göttingen.

Juchmann, Ulrike (2022): Selbstfürsorge in helfenden Berufen: Wie Achtsamkeit im Arbeitsalltag gelingt. Stuttgart.

Kalbheim, Eva (2023): Resilienz für Dummies. Weinheim.

Kobbeloer, Michael (2022): Fühl-Bar. 88 Methoden zum Arbeiten mit dem Emotionscanner®. Lüneburg.

Köstler, Anja (2019): Mediation. München.

Kübler-Ross, Elisabeth (2014): Interviews mit Sterbenden. Freiburg i.Br. (zuerst 1971).

Länger, Andrea (2022): Selbstfürsorge: Wie Sie eine gesunde Haltung zu sich selbst entwickeln. Freiburg i.Br.

Magnusson, Margareta (2018): Frau Magnussons Kunst, die letzten Dinge des Lebens zu ordnen. Frankfurt a. M.

Mauerer, Ilse (2011): Auszeit vom Alltag: Mehr innere Ruhe und Frieden durch mentale Übungen und meditative Reisen. München.

Montada, Leo; Kals, Elisabeth (2013): Mediation: Psychologische Grundlagen und Perspektiven. Weinheim.

Petri, Horst (1994): Geschwister – Liebe und Rivalität. Die längste Beziehung unseres Lebens. Zürich.

Prasske, Bruni (2013): Die Entrümpler. Was Dachböden und Kellerregale über das Leben erzählen. München.

Proksch, Stephan (2018): Mediation: Die Kunst der professionellen Konfliktlösung. Wiesbaden.

Rütschi, Gabrielle (2018): Erben. Büchse der Pandora. Hohenems.

Schneider, Michael; Süss, Joachim (Hg., 2015): Nebelkinder. Kriegsenkel treten aus dem Traumaschatten der Geschichte. Berlin.

Schulze, Eike; Stein, Anette und Tietgen, Andreas (2019): Haushaltsauflösung leicht gemacht. Mannheim.

Schwarz, Barb (2006): Home Staging. The Winning Way to Sell Your House for More Money. New Jersey.

Sitzler, Susann (2. Aufl. 2017): Geschwister. Die längste Beziehung des Lebens. Stuttgart.

Ury, William (2016): Wissen, was ich will, und erfolgreich verhandeln. München.

van Gennep, Arnold (Ausgabe 2005): Übergangsriten. Frankfurt/M. (zuerst erschienen unter dem Originaltitel Les rites des passage, 1909).

van Rens, Solange (2019): Der digitale Nachlass. Oder: Wie stirbt man digital? Nürnberg.

Wellensiek, Sylvia (2020): Logbuch Resilienz. Weinheim.

Weitere Onlinequellen

– Abruf aller nachgenannten Seiten am 06.03.2023 –

podcast.de/podcasts/erbrecht/.

Westerhoff, Nikolas (2010): Wegwerfen oder behalten: Der Preis des Plunders. sueddeutsche.de/leben/wegwerfen-oder-behalten-der-preis-des-plunders-1.184013 (Abruf 06.03.2023).

Beitrag zum Thema Erbmediation (2021): zdf.de/gesellschaft/volle-kanne/volle-kanne---mit-amelie-fried-vom-25-august-2021-100.html (ab Minute 3:16).

Lukas Bärfuss
Vaters Kiste

Eine Geschichte über das Erben

96 Seiten

Das Erbe seines Vaters hat Lukas Bärfuss ausgeschlagen: Es waren vor allem Schulden. Geblieben ist nur eine Kiste, die der Sohn nach fünfundzwanzig Jahren zum ersten Mal in Augenschein nimmt und die ihn zurückführt in seine eigene, schwierige Kindheit, in eine Jugend auf der Straße. Die Fragen werden drängend: Was hat er geerbt von seinem abwesenden, kriminellen Vater? Wie steht es um ein auf Privatvermögen zielendes Erbrecht, das uns, obwohl kaum hundert Jahre alt, wie ein Naturgesetz vorkommt? Wie steht es um die Verantwortlichkeit jenseits der familiären Bindung, wie steht es um die Teilhabe der Nachgeborenen, deren Schicksal wir bestimmen mit dem, was wir ihnen hinterlassen, mit unserem Erbe, unserem Müll?

Weitere Informationen finden Sie unter **rowohlt.de**

Sven Stillich
Was von uns übrig bleibt
Wenn wir einen Ort, einen Menschen oder die Welt verlassen

288 Seiten

Wir sind Menschen, wir können nicht anders: Wir hinterlassen Spuren, überall. Mal wirbelt der Wind ein Bonbonpapier von uns davon, mal ist ein Fingerabdruck noch Jahre später nicht verwischt. Und nicht nur das: Wir schreiben uns ein in die Gehirne der Menschen, die wir treffen, in die unserer Familie, in die unserer Freunde. Manchmal hallt etwas, das wir gesagt haben, in einem Fremden ewig nach – ohne dass wir davon wissen. Etwas von uns bleibt in der Welt, auch wenn wir nicht mehr da sind: der Geruch im Lieblingspullover der Mutter, Geld auf der Bank, ein Selfie in einem Facebook-Eintrag, der Witz, den Vater immer erzählt hat. Sven Stillich macht sich auf die Suche nach unseren biologischen, geistigen und kulturellen Spuren und danach, was von uns übrig bleibt, wenn wir einen Ort verlassen, einen Menschen oder die Welt.

Weitere Informationen finden Sie unter **rowohlt.de**